NINA WINKLER

Bauch, Beine, Po
intensiv

THEORIE

Ein Wort zuvor 5

BASISWISSEN FÜR DIE FITNESS 7

Optimale Trainingsvorbereitung 8
Ziele setzen – aber richtig! 9
Wie sind Sie gebaut? 16
Outfit und Ernährung 20

Ausdauertraining mit Köpfchen 22
Ins Ausdauertraining starten 23
Der Mythos vom Fettverbrennungspuls .. 24
So aktivieren Sie die Fettverbrennung ... 27

Effektives Muskeltraining 32
Den richtigen Einstieg finden 33
Leisten Sie Widerstand! 35
Muskeln formen – gewusst wie 37
Bewahren Sie Haltung! 41

PRAXIS

BESTFORM FÜR BAUCH, BEINE UND PO 45

Aufwärmen mit Spaß 46
Warm-up Basics 47
Marching 47
Punch 47
Rope Skipping 48
Side to side 49
Heel Touch 49

Flacher Bauch 50
Tief liegende Bauchmuskulatur 52
Taillencrunch 52
Legcrunch 54
Balance-Wippe 56
Oberflächliche Bauchmuskulatur 58
Basic Crunch 58
Reverse Crunch 60
Diagonaler Crunch 62
Kombi-Moves Bauch und Rücken 64
Gerader Bauchpush 64
Seitlicher Bauchpush 66
Stretching für eine schlanke Mitte 68
Softstretch 68
Twiststretch 68
Liftstretch 69
Backstretch 69
Seitstretch 69

Straffe Beine 70
Powerschritt 72
Beinpush 74
Wadenlift 76
Schenkelcrunch 78
Seitenlift 80
Schenkelheber 82
Backkick 84
Beipower 86
Stretching für schlanke Beine 88
Lange Beine 88
Geschmeidige Hüften 88
Schöne Schenkel 88
Straffe Innenschenkel 88

Knackiger Po 90	Trizepscurl 113
Weg mit dem Hüftspeck 91	Nackenrelax 113
Hiplift 92	Oberkörperstretch 114
Kneelift 94	Anti-Cellulite-Training 116
Tiefer Squat 96	Tag 1 117
Leglift 98	Tag 2 117
Polift 100	Tag 3 118
Seitheber 102	Tag 4 119
Legpush 104	Tag 5 120
Stretching für den perfekten Po 106	Tag 6 120
Liegestretch 106	Tag 7 120
Sitzstretch 106	Erste Hilfe bei Cellulite 122
Drehstretch 106	
Paketstretch 107	

SERVICE

BONUSPROGRAMME 109	Bücher, die weiterhelfen 123
	Adressen, die weiterhelfen 124
Power für den Oberkörper 110	Sachregister 125
Rückenpush 111	Übungsregister 126
Brustpower 111	Impressum 127
Schulterkick 112	

DIE AUTORIN

Nina Winkler arbeitet als Autorin und Fitness-Expertin in München. Sie hat zahlreiche Aus- und Fortbildungen absolviert – unter anderem in Aerobic, Bauch-Beine-Po, Core-Training, Tae Bo und verschiedenen Yoga-Formen. Bereits seit vielen Jahren leitet sie Group-Training-Kurse in namhaften Fitness-Studios, entwickelt Workout-Programme und bildet Trainer aus. Zwei Jahre lang war sie als Redakteurin in den Ressorts Fitness, Gesundheit und Reise des Magazins »Shape« tätig. Für verschiedene Magazine schreibt sie außerdem regelmäßig zu ihrem Spezialgebiet Fitness. 2003 entwickelte sie das Programm »Emotional Moves« und schrieb dazu das Drehbuch für die Fernsehreihe »Telegym«. Im GRÄFE UND UNZER VERLAG ist von ihr in Zusammenarbeit mit Dr. Tomas Buchhorn auch »Das große GU Laufbuch« erschienen.

EIN WORT ZUVOR

Sommer, 30 °C im Schatten, Badewetter und – Wochenende! Ich bin gespannt, ob da jemand zu meinem Bauch-Beine-Po-Kurs kommen wird. Dann die Überraschung: Fast 30 Teilnehmerinnen erscheinen. Ich bin überwältigt! Alle Damen sind bester Laune und haben Lust auf ein intensives Workout. Keine Frage, diese Frauen wissen, was sie wollen – und was sie für ihre Anstrengung bekommen. Erstens: tolle Beine, einen knackigen Po, eine straffe Mitte. Zweitens: gute Laune, Zufriedenheit und Ausgeglichenheit. Und drittens: eine sensationelle Ausstrahlung und viel Selbstbewusstsein. Denn die größte Problemzone verschwindet beim Sport ganz nebenbei: die Selbstzweifel im Kopf.

Mit einer positiven Einstellung können Sie Ihr Figurziel erreichen. Und dafür müssen Sie sich keineswegs quälen. Ganz im Gegenteil: Seien Sie gut zu sich und verbünden Sie sich mit Ihrem Körper! Mit einem Freund trainiert es sich wesentlich leichter als mit einem Feind. Schon nach dem ersten Training werden Sie merken, wie Ihre Selbstzweifel schwinden und Sie an Ausstrahlung gewinnen. Damit sich dieses Wohlgefühl auf Dauer einstellt und nicht die Ausnahme, sondern die Regel wird, habe ich das folgende Bauch-Beine-Po-Intensivprogramm für Sie entwickelt. Egal, welches Trainingsniveau Sie haben – hier finden Sie die passenden Übungen. Leichte Moves für Einsteiger, etwas schwierigere für Geübte und eine besondere Herausforderung für Fortgeschrittene. Sie werden sehen, das Teufelchen in Ihrem Kopf, das Ihnen ein schlechtes Gewissen macht, wird mit jedem Training kleiner werden. Bis es schließlich ganz verschwindet – zusammen mit Ihren Problemzonen.

Nina Winkler

BASISWISSEN FÜR DIE FITNESS

Erfahren Sie, was Ihr Körperbau verrät, was Sie für Ihr Training brauchen und wie Sie Ausdauer- und Muskeltraining richtig dosieren und kombinieren.

Optimale Trainingsvorbereitung 8
Ausdauertraining mit Köpfchen 22
Effektives Muskeltraining 32

Optimale Trainingsvorbereitung

Übungsprogramme für Bauch, Beine und Po gibt es viele – doch die wenigsten funktionieren. Denn gerade beim Problemzonentraining kommt es auf den optimalen Zuschnitt an. Das Training muss nicht nur abwechslungsreich gestaltet sein, sondern auch dem persönlichen Trainingsniveau entsprechen. Mit diesem Buch halten Sie den Leitfaden dafür in der Hand. Hier lernen Sie neben den Grundlagen des Trainings von Bauch, Beinen und Po verschiedene Trainingsstufen zur schrittweisen Steigerung und Verbesserung des Trainingseffektes kennen. Die geschickte Kombination aus Kräftigungsübungen und Ausdauertraining wird Ihnen dabei helfen, selbst die hartnäckigsten Problemzonen in den Griff zu bekommen. Sie haben dabei größtmögliche Freiheit: Kurse im Fitness-Studio lassen sich mit diesem Programm ebenso kombinieren wie Outdoor-Sportarten.

Den Körper zu modellieren ist nicht schwer, wenn man weiß, wie es geht. Keine Angst: Sie müssen dafür nicht zwei Drittel des Tages mit Sport verbringen. Mit einem ausgeklügelten Training bleibt der Zeitaufwand im Rahmen. Etwas müssen Sie jedoch mitbringen: Geduld. Körperliche Veränderung braucht Zeit. Die Pölsterchen auf den Hüften sind nicht über Nacht entstanden, sondern haben sich wahrscheinlich über lange Zeit dort eingerichtet. Sie wieder loszuwerden kann eine Weile dauern.

Ziele setzen – aber richtig!

Das A und O für den Erfolg ist eine gute Trainingsplanung. Wenn Sie Ihre Figur verändern wollen, setzen Sie sich erreichbare Ziele! Ein überehrgeiziger Zeitplan nützt gar nichts. Gehen Sie lieber mit Bedacht vor. Machen Sie als Erstes eine Bestandsaufnahme, um festzustellen, wo Sie stehen, wie fit Sie sind und welche Form des Trainings für Sie optimal ist. Abgestimmt auf Ihren individuellen Tagesablauf und Ihr Zeitbudget können Sie so am besten entscheiden, wann und wie Sie trainieren möchten und welcher Trainingslevel für Sie der richtige ist.

Wichtig ist auch, das Ziel exakt zu formulieren. Beispielsweise so: »Ich werde meinen Bauchumfang bis zum Tag X um vier Zentimeter verringern« oder »Bis zum Tag X werde ich statt in Größe 44 in Größe 42 passen«. Allgemeine Aussagen wie »Ich möchte rasch ein paar Kilos loswerden« sollten Sie dagegen vermeiden. Sie sind viel zu unpräzise. Ein paar Kilos weniger sagen ohnehin nicht sonderlich viel aus. Denn gewöhnlich verliert der Körper zu Beginn einer Diät eine Menge Wasser. Man ist also im Irrtum, wenn man den Gewichtsverlust als schnellen Diäterfolg wertet. Und anschließend ist man enttäuscht, wenn die Pfunde nur noch langsam schwinden.

ERFOLGSGARANTIE
Wenn Sie sich an die Trainingshinweise halten, wird der Erfolg nicht allzu lang auf sich warten lassen.

TIPP
Ein ehrlicher Blick in den Spiegel verrät Ihnen genau, wo Ihre Pölsterchen sitzen.

Der Weg zur Traumfigur

Schauen Sie also lieber in den Spiegel. Konzentrieren Sie sich darauf, an welchen Körperstellen die Pölsterchen sitzen, die weichen sollen, und innerhalb welcher Zeit Sie Ihr neues Figurziel erreichen möchten. Ein guter Maßstab dafür ist die Hosengröße. Pauschal lässt sich sagen, dass ein bis zwei Größen weniger in vier bis sechs Monaten ein realistisches Ziel sind. Betrachten Sie immer auch Ihre Proportionen: Passt der Umfang des Oberkörpers zum Unterkörper? Mit einem ausgleichenden Training können Sie hier viel ausrichten.

Dazu ein anschauliches Beispiel: Martina B. hat für Hosen die Kleidergröße 44 und für Oberteile die Größe 40. Sie geht ein- bis zweimal im Monat joggen und besucht etwa dreimal im Monat einen Bauch-Beine-Po-Kurs. Außerdem ernährt sie sich einigermaßen gesund, nascht aber gern Schokolade. Wenn sich Martina B. nun »drei Kilo weniger« wünscht, hungert und ohne Plan trainiert, werden ihre Problemzonen kaum weichen. Im Gegenteil: Das Missverhältnis bei ihren Kleidergrößen wird sich vielleicht sogar verstärken. Für sie ist wichtig, zum einen durch die richtige Ernährung ihren Körperfettanteil zu senken. Zum anderen braucht Martina B. ein ausgewogenes Sportprogramm, in dem Ausdauertraining eine ebenso wichtige Rolle spielt wie ein gezieltes Problemzonentraining, das auch den Oberkörper einbezieht. Optimal wäre in ihrem Fall der Trainingsplan für ausgewogene Proportionen auf den Seiten 110–115.

Motivieren Sie sich!

Bevor Sie also mit einem Übungsprogramm beginnen, sollten Sie unbedingt klären: Wo stehe ich? Welche Figur habe ich? Wo sitzen meine Problemzonen, wie sehen sie aus und was muss ich tun, um sie zu verändern? Das hilft Ihnen, Ihr Ziel klar festzulegen. Nun müssen Sie den Weg dorthin noch in überschaubare Abschnitte unterteilen. Wenn Sie sich Zwischenziele setzen, hält Sie das nicht nur bei der Stange, sondern hilft Ihnen auch, das Endziel im Auge zu behalten. Sehr motivierend ist es, jedes erreichte Zwischenziel mit einer Belohnung zu verbinden. Achten

Sie jedoch darauf, dass Sie Ihre bisherigen Bemühungen damit nicht sabotieren. Ein Eisbecher mit Sahne oder ein Stückchen Schokoladentorte beispielsweise wäre keine gute Idee. Besser ist eine Belohnung, die Sie in Ihrem Vorhaben beflügelt und Ihrem Figurziel näher bringt, wie etwa ein neues Trainingsoutfit. Aber auch mit einem Besuch beim Friseur oder mit einem Beauty-Wochenende können Sie sich motivieren und sich etwas wirklich Gutes tun. Gerade diese kleinen Tricks und Kniffe sind es, die Ihnen den Erfolg garantieren.

Veränderung tut gut

Wichtig ist nicht zuletzt, dass Sie Ihr Leben konsequent an Ihrem neuen Ziel ausrichten. Wenn Sie sich nur in einzelnen Bereichen umstellen, beispielsweise mit einem Übungsprogramm beginnen, aber die Ernährung außen vor lassen, werden Sie relativ geringe Erfolge verbuchen und für diese vergleichsweise hart arbeiten müssen. Machen Sie es sich stattdessen so leicht wie möglich – auch wenn es Ihnen zu Beginn schwierig erscheint. Eine konsequente, auf alle Lebensbereiche bezogene Veränderung ist nicht nur viel motivierender als eine halbherzige, sondern führt Sie auch schneller zu Ihrem Ziel.

Bereits nach den ersten Trainingseinheiten werden Sie spüren, wie sich Elan und gute Stimmung bei Ihnen einstellen. Und so gehen Sie nach dem Training beschwingt durch den Tag, mit einer positiven Laune, die durchaus ansteckend ist. Davon profitieren nicht nur Sie, sondern auch die Menschen in Ihrer Umgebung.

Haben Sie sich erst einmal auf Figurkurs gebracht, werden Sie die intensive Auseinandersetzung mit Ihrem Körper nicht mehr missen mögen. Sie werden die Umstellung nicht mehr als Belastung, sondern als Erleichterung ansehen. Voraussetzung dafür ist allerdings, dass Sie sich realistische Ziele gesetzt und genau überlegt haben, was Sie tun möchten. Der folgende Test (Seite 12–15) kann Ihnen dabei helfen, Ihre aktuelle Situation besser einzuschätzen.

TERMIN MIT SICH SELBST

Ihr Training ist wichtig, weil Ihnen Ihr Körper wichtig ist und Sie etwas für Ihre Gesundheit und Ihre Figur tun möchten. Das sollte Ihnen mindestens genauso viel wert sein wie eine geschäftliche Besprechung oder eine Stunde mit der Familie.

TEST

Welcher Trainingstyp sind Sie?

Unser Körper ist ein komplexes Gebilde, dessen Glieder zueinander in Beziehung stehen. Ein schlecht trainierter Rücken etwa kann den Bauch kugelig aussehen lassen, obwohl sein Umfang völlig normal ist. Falsches Training kann Problemzonen verstärken, statt sie abzubauen. Ermitteln Sie also zunächst den Ist-Zustand Ihres Körpers und Ihren Trainingslevel:

1. Betrachten Sie sich im Spiegel. Wie beschreiben Sie die Verteilung Ihres Körperfettes?
- a Die Pölsterchen sammeln sich gleichmäßig an Bauch, Beinen und Po. [1]
- b Eigentlich sind Bauch und Po die stärksten Problemzonen. [2]
- c An den Beinaußenseiten liegen die Pölsterchen. [3]

2. Bei Ihrer Kleidung sind die Konfektionsgrößen des Oberteils und der Beinbekleidung ...
- a annähernd gleich und Sie haben (bei durchschnittlicher Körpergröße) höchstens die Hosengröße 42. [3]
- b unterschiedlich groß. Das Top ist eine oder mehr Nummern kleiner, jedoch nicht größer als Konfektionsgröße 42. [2]
- c größer als Konfektionsgröße 42. [1]

3. Stellen Sie sich seitlich vor den Spiegel. Welche der folgenden Aussagen trifft am ehesten auf Ihre Haltung zu?
- a Kopf und Schultern wirken nach vorn gekippt, der obere Rückenbereich gerundet und ich habe ein Hohlkreuz. [1]
- b Der Kopf und die Schultern fallen leicht nach vorn. [3]
- c Ich mache ein auffallendes Hohlkreuz. [2]

4. Machen Sie gelegentlich Diäten?
- a Eigentlich nicht. Ich esse, was mir schmeckt, und achte nur darauf, nicht übermäßig viele Kalorien zu mir zu nehmen. [3]
- b Das Kalorienkonto ist mir schon wichtig. Wenn ich mich zu dick fühle, mache ich eine Diät. [2]
- c Ich mache mindestens einmal pro Jahr eine Diät. [1]

CELLULITE

Durch gezieltes Problemzonentraining können Sie den ungeliebten Dellen zu Leibe rücken! Frauen, die regelmäßig Sport treiben, haben deutlich weniger Cellulite.

5. Ernähren Sie sich gesund?
a Obst und Gemüse stehen hauptsächlich auf meinem
   Speiseplan, außerdem achte ich auf die Kalorienmenge. ☐3
b Ich achte darauf, Obst und Gemüse zu mir zu nehmen,
   schaue aber insgesamt wenig auf die Kalorienmenge. ☐2
c Bei der Ernährung muss es schnell gehen. Wenn Obst
   oder Gemüse enthalten sind, dann in verarbeiteter Form. ☐1

6. Süßes, Snacks und Knabbereien: Wie häufig naschen Sie?
a Oft und unkontrolliert. ☐1
b Ich nasche eher selten. ☐3
c Ich esse zwischendurch öfter mal etwas, achte aber
   auf die Menge. ☐2

7. Wie sieht Ihr Trinkverhalten aus?
a Ich trinke jeden Tag mindestens zwei Liter Wasser. ☐3
b Eigentlich achte ich nicht auf mein Trinkverhalten. ☐1
c Zu den Mahlzeiten trinke ich ein bis zwei Gläser Wasser. ☐2

8. Wenn Sie durstig sind, greifen Sie vorwiegend zu ...
a Wasser, Saftschorle oder ungesüßtem Tee. ☐3
b unverdünnten Fruchtsäften. ☐2
c Limo, Cola oder gesüßten Getränken. ☐1

9. Wie bewegen Sie sich im Alltag?
a Sehr oft mit dem Fahrrad oder zu Fuß. ☐3
b Meistens mit den öffentlichen Verkehrsmitteln oder dem Auto. ☐1
c Ich gehe zumindest kurze Strecken zu Fuß. ☐2

10. Treiben Sie Sport?
a Ja, etwa ein- bis zweimal pro Woche. ☐2
b Dreimal oder öfter wöchentlich. ☐3
c Ich treibe kaum Sport. ☐1

11. Sie treiben Sport ...
a um Bauch, Beine und Po zu trainieren. ☐2
b aus Spaß an der Bewegung. ☐3
c um abzunehmen. ☐1

NIE WIEDER DIÄT
Wer regelmäßig Sport treibt und sich ausgewogen und gesund ernährt, kann getrost jede Diät ignorieren.

POWER MIT SYSTEM

Ausdauertraining hat beim Bauch-Beine-Po-Training einen ebenso großen Stellenwert wie die Muskelübungen selbst. Es sollte daher auf keinen Fall zu kurz kommen.

12. Betrachten Sie Ihr Trainingsprogramm. Welchen Stellenwert hat Ausdauertraining darin?
- a Ich mache lieber Kräftigungsübungen. ☐1
- b Gelegentlich mache ich Ausdauertraining. ☐2
- c Ausdauertraining ist ein fester Bestandteil meines Trainingsplans. ☐3

13. Trainieren Sie Ihre Problemzonen schon lange?
- a Nein, ich fange gerade erst damit an. ☐1
- b Ja, ich trainiere schon seit mindestens drei Monaten. ☐2
- c Das Training von Bauch, Beinen und Po gehört schon seit mehr als einem Jahr zu meinem festen Programm. ☐3

14. Versuchen Sie die Übung Balance-Wippe (Seite 56). Schaffen Sie es, die Bewegung wie auf Level 3 beschrieben durchzuführen?
- a Ja, das klappt problemlos. ☐3
- b Nein, das funktioniert nicht mal ansatzweise. ☐1
- c Ich komme in die Position hinein, kann aber die Körperspannung nicht halten. ☐2

15. Probieren Sie die Übung Schenkelcrunch (Seite 78) auf Level 2. Wie gut klappt das?
- a Ich schaffe die angegebene Anzahl an Wiederholungen, aber keine mehr. ☐2
- b Kein Problem, ich könnte auch noch mehr Wiederholungen machen. ☐3
- c Funktioniert gar nicht, ich trainiere lieber weniger intensiv. ☐1

16. Probieren Sie den Hiplift (Seite 92) auf Level 1. Wie beurteilen Sie Ihre Leistung?
- a Sehr gut, die Übung klappt problemlos und strengt mich nicht sonderlich an. ☐3
- b Meine Pomuskeln machen die Übung ganz gut mit. Ich empfinde die Übung als mäßig anstrengend. ☐2
- c Ich schaffe es fast nicht, die Bewegung auszuführen, und habe das Gefühl, dass meine Haltung nicht besonders gut ist. ☐1

Auswertung

Bis 25 Punkte: Level 1
Regelmäßiges Training von Bauch, Beinen und Po gehört wahrscheinlich nicht zu Ihrem Sportprogramm. Um Ihren Körper sanft daran zu gewöhnen, sollten Sie beim Muskeltraining (ab Seite 52) mit den Übungen auf Level 1 beginnen. Achten Sie dabei auf die korrekte Ausführung der Bewegungen. Das macht die Übungen besonders effektiv. Ein moderates Ausdauertraining (ab Seite 22) hilft Ihnen zusätzlich, den Fettstoffwechsel anzuregen und überflüssiges Körperfett zu verbrennen. Wichtig ist für Sie außerdem, Ihre Ernährungsgewohnheiten (Seite 21) unter die Lupe zu nehmen und gegebenenfalls zu verändern.

26 bis 42 Punkte: Level 2
Sport ist bereits ein Bestandteil Ihres Lebens. Damit Ihr Problemzonentraining noch effektiver wird, sollten Sie die Muskelübungen (ab Seite 52) auf Level 2 probieren. Sie sichern Ihren Trainingsfortschritt und helfen Ihnen, auch hartnäckige Pölsterchen zu reduzieren. Wichtig ist die Kombination der Moves mit einem ausgewählten Fatburner-Trainingsplan (ab Seite 27), damit sich das Fett dauerhaft verabschiedet. Ihre Ernährungsgewohnheiten (Seite 21) sollten Sie ebenfalls unter die Lupe nehmen; an einigen Stellen sind sicher Verbesserungen nötig, um die Fettschmelze nicht zu behindern. Achten Sie auf Ihren Trainingsfortschritt, um rechtzeitig zu Level 3 zu wechseln!

43 oder mehr Punkte: Level 3
Sie sind vermutlich eine erfahrene Sportlerin und möchten nur noch die letzten hartnäckigen Problemzonen in den Griff bekommen. Trifft dies zu, sollten Sie die Muskelübungen (ab Seite 52) auf Level 3 absolvieren, um Ihre Trainingsroutine zu knacken und dem Körper neue Reize zu bieten. Ein intensives Intervalltraining (Seite 28 und 30) bringt die letzten Fettzonen innerhalb kurzer Zeit zum Schmelzen, sofern auch Ihre Ernährung (Seite 21) den letzten Schliff bekommen hat. Auch Trainingsplateaus können Sie mit dem Level-3-Training leicht überwinden!

LEISTUNGSGERECHT TRAINIEREN

Über- und unterfordern Sie sich beim Training nicht. Prüfen Sie alle paar Wochen, ob Sie sich steigern können. Doch Vorsicht: Lassen Sie auf jeden Fall die Finger davon, wenn Sie eine Übung noch nicht perfekt ausführen können!

> **WICHTIG**
> Die Kilos auf der Waage sagen wenig über den Anteil an Körperfett aus.

Wie sind Sie gebaut?

Nachdem Sie nun anhand des Tests Ihren Ist-Zustand ermittelt haben, werfen Sie bitte noch einmal einen ehrlichen Blick in den Spiegel. Betrachten Sie Ihre Figur und vergleichen Sie sie mit den Körpertypen auf den Seiten 18–19. Welche Form der Fettverteilung trifft bei Ihrer Figur am ehesten zu? Wenn Sie sich darüber im Klaren sind, können Sie mithilfe der dazugehörigen Beschreibungen vielleicht die eine oder andere Eigenschaft entdecken, die Ihnen bekannt vorkommt – und Ihren Schlüssel zum richtigen Training noch ein bisschen greifbarer macht. Gewiss lassen sich nicht alle Frauen strikt in das eine oder andere Körpermuster einordnen. Picken Sie sich in diesem Fall von den Beschreibungen die zutreffendsten Eigenschaften heraus und ermitteln Sie dadurch Ihren ganz spezifischen Typ. Für die optimale Anpassung eines individuellen Bauch-Beine-Po-Trainings ist es unbedingt nötig, genau zu wissen, wo Ihre Problemzonen sitzen.

Body-Mass-Index

Weiteren Aufschluss über Ihren Körperfettanteil liefern der Body-Mass-Index (BMI) und die Körperfettanalyse. Den BMI können Sie anhand der Formel im Kasten auf Seite 17 leicht selbst berechnen. Liegt der ermittelte Wert unter 18,5 haben Sie deutliches Untergewicht und sollten einen Arzt konsultieren. Aber auch Frauen mit Idealgewicht, ja sogar mit leichtem Untergewicht, können Problemzonen haben – die aufgrund des geringeren Körperfettanteils unter Umständen deutlich zu sehen sind. Mit dem gezielten Training von Bauch, Beinen und Po lässt sich da eine Menge verändern! Werte zwischen 20 und 24,9 deuten an, dass Sie Normalgewicht haben. Problemzonen sind bei diesen BMI-Werten meistens ziemlich klar erkennbar. Liegt Ihr Body-Mass-Index über 25, haben Sie Übergewicht, bei Werten über 30 starkes Übergewicht. In diesem Fall sollten Sie unbedingt etwas unternehmen, um den Körperfettanteil zu senken: mit regelmäßigem Ausdauertraining (ab Seite 22), gezieltem Muskeltraining (ab Seite 32) und ausgewogener Ernährung (Seite 21). Körperfett zu reduzieren hilft Ihnen, das Problemzonentraining nicht nur effektiver, sondern

> **DIE BMI-FORMEL**
> Ihren Body-Mass-Index (BMI) können Sie mit folgender Formel ganz einfach selbst berechnen:
>
> $$BMI = \frac{\text{Körpergewicht in kg}}{(\text{Körpergröße in m})^2}$$
>
> Beispiel: Für eine 1,75 m große Frau mit einem Gewicht von 70 Kilo beträgt der BMI 70 : (1,75 x 1,75) = 22,86
> Der BMI gilt als Richtlinie für das Wohlfühl- und Gesundheitsgewicht. Ideal sind BMI-Werte zwischen 20 und 24. In diesem Bereich liegen Menschen mit Normalgewicht. Ein BMI der kleiner als 18,5 ist bedeutet Untergewicht. Ist der Wert größer als 24,9 liegt Übergewicht vor. Der Body-Mass-Index sagt allerdings nichts darüber aus, wie gesund Sie sich ernähren und wie sportlich Sie sind.

auch gelenkschonend zu gestalten. Die trainierten Muskelpartien lassen die Figur sportlicher und harmonischer wirken.

Körperfettanalyse

Mit einer Körperfettwaage lässt sich das Fett-Muskel-Verhältnis des Körpers bestimmen. Dabei wird Schwachstrom durch den Körper geleitet, der den Widerstand der Zellen misst. Da Muskelgewebe aufgrund seines Wassergehalts den Strom anders leitet als Fettgewebe, kann man auf diese Weise den Körperfettanteil in Prozent ermitteln. Was Sie für die Vergleichsmessungen auf der Körperfettwaage beachten müssen: Stellen Sie sich immer zur gleichen Tageszeit und unter den gleichen Bedingungen auf die Körperfettwaage, also ohne zuvor gegessen oder getrunken zu haben, und mit entleerter Harnblase. Auch während der Menstruation können Messwertschwankungen vorkommen. Wenn Sie sich an diese Regeln halten, können Sie die Entwicklung Ihres Körperfettanteils erkennen. Bei Frauen zwischen 30 und 45 Jahren gilt ein Körperfettanteil von 22 bis 25 Prozent als optimal; der Wert darf mit zunehmendem Alter steigen.

SIND SIE EIN MISCHTYP?
Überlegen Sie, welcher Körperbautyp bei Ihnen überwiegt, falls Sie sich in zwei Beschreibungen wiederfinden. Dieser Typ kann die Grundlage für Ihr persönliches Programm sein.

OFT GEFRAGT

Der Körperbau – eine Frage der Veranlagung

Die Veranlagung zu Übergewicht ist zwar genetisch vorprogrammiert, trotzdem hilft die Erkenntnis, welche Anlagen die Natur uns jeweils vorgegeben hat, für eine realistische Einschätzung der individuellen Trainingsmöglichkeiten. Allerdings ist es ausgesprochen unwahrscheinlich, dass Sie genau einem der drei im Folgenden vorgestellten Grundtypen entsprechen. Viel häufiger ist eine Mischung aus zwei Typen, von denen dann einer überwiegt. Vergleichen Sie sich mit den hier beschriebenen Grundtypen und versuchen Sie sich den jeweiligen Kategorien zuzuordnen.

Der schlanke, ektomorphe Typ

Frauen mit ektomorpher Veranlagung sind häufig verhältnismäßig groß und zierlich gebaut. Oft sind die Knochen im Bereich des Schlüsselbeins und der Gelenke deutlich sichtbar, die Finger sind feingliedrig. Ektomorphe Frauen können von weiblichen Rundungen oft nur träumen, vor allem im Po- und Taillenbereich; aber auch ihr Busen ist eher klein. Reiterhosenspeck trotz schlanker Silhouette ist bei diesem Typ jedoch keine Seltenheit. Aufgrund eines ausgesprochen gut funktionierenden Stoffwechsels ist der Körperfettanteil meist gering. Der ektomorphe Typ nimmt nur schwer an Muskelmasse zu und neigt aufgrund der fehlenden muskulären Unterstützung nicht selten zu einer schlechten Haltung. Wichtig ist daher neben der Straffung der Problemzonen die Kräftigung der Rumpfmuskulatur, um Fehlhaltungen zu korrigieren und die Proportionen auszugleichen. Alle gezielten Muskeltrainings, die den Muskelaufbau fördern, sind für diese Frauen sehr gut geeignet. Zu viel Ausdauersport wirkt allerdings bei dieser Veranlagung kontraproduktiv.

Optimale Trainingsvorbereitung

Der athletische, mesomorphe Typ

Kennzeichen des athletischen Typs sind eine eher kräftige Statur, eine ausgeprägte Muskulatur und ein aktiver Stoffwechsel. Problemzonen können bei zu intensivem Training an den falschen Stellen noch verstärkt werden, daher ist ein abwechslungsreiches Training sehr wichtig: Es sollte idealerweise aus maßvollem Ausdauertraining, Kräftigung und ausgiebigem Stretching bestehen. Dank der breiteren Schultern haben diese Frauen den Vorteil, dass der Körper fast immer wohlproportioniert ist, selbst wenn Sie ein paar Pfunde mehr an Bauch und Hüften haben. Der Körperfettanteil ist bei diesem Typ jedoch meistens im Normalbereich.

Der Runde, endomorphe Typ

Dieser Körpertyp ist rundlich und weich, der Körperfettanteil liegt über den Normalwerten. Die Problemzonen sind meist deutlich erkennbar, der überflüssige Speck setzt sich gleichmäßig an Bauch, Beinen und Po ab und ist oft begleitet von einer ausgeprägten Cellulite. Da der Stoffwechsel nicht so aktiv arbeitet, ist regelmäßiges Ausdauertraining (ab Seite 22) unbedingt erforderlich. Außerdem sollten endomorphe Frauen mit gezielten Übungen die Problemzonen trainieren und den Oberkörper formen. In Kombination mit einer ausgewogenen Ernährung sieht man bei diesem Körpertyp rasch Erfolge, wenn der Stoffwechsel erst einmal aktiviert ist.

Outfit und Ernährung

Ganz gleich, wie oft und wie intensiv Sie trainieren – eine gute Sportausrüstung ist die Grundvoraussetzung für jedes effektive und gesundheitsbewusste Training. Bei Ihrem Bauch-Beine-Po-Training hängt der Erfolg des Workouts allerdings auch stark von Ihren Ernährungsgewohnheiten ab.

Sportschuhe

Bevor Sie mit einem Ausdauertraining (ab Seite 22) beginnen, überlegen Sie zunächst, ob Sie drinnen oder draußen trainieren möchten, und wählen Sie je nach Sportart das passende Schuhwerk. Modische Sneaker oder ausgetretene Turnschuhe sind absolut ungeeignet zum Jogging im Park. Da Sie Ihre Gelenke mit dem Zwei- bis Dreifachen Ihres Körpergewichts belasten, sollten Sie an dieser Stelle nicht sparen. Lassen Sie sich beim Schuhkauf im Sportgeschäft qualifiziert beraten.

Trainingskleidung

Welche Oberbekleidung Sie beim Sport tragen möchten, ist einerseits reine Geschmackssache. Andererseits hat Funktionskleidung neben einem hohen Motivationsfaktor noch den Vorteil, dass der Schweiß von der Haut wegtransportiert wird, Sie fühlen sich deshalb immer trocken. Ebenfalls wichtig: ein guter Sport-BH. Das Gewebe der Brust ist empfindlich und kann vor allem bei High-Impact-Belastungen, also hauptsächlich Ausdauersportarten, leicht Risse bekommen. Das ist schmerzhaft und hinterlässt auf der Haut unschöne Streifen. Achten Sie deshalb darauf, Ihren Busen beim Sport fest einzupacken – kleine Brüste können übrigens genauso schnell geschädigt werden wie größere!

Pulsuhr

Mittels eines Herzfrequenzmessers, kombiniert mit einem Brustgurt, können Sie Ihren Trainingsbereich immer im Auge behalten. Die technisch etwas besser ausgestatteten Modelle zeigen Ihnen sogar den Kalorienverbrauch und die Trainingszeit an – was nicht unbedingt nötig ist, aber einen hohen Motivationswert

TIPP

Ein neues Top für das Training oder eine neue Jogginghose können ungeheuer motivierend sein. Wenn Sie sich wohlfühlen, dann trainiert es sich umso leichter.

besitzt. Das Wichtigste ist: Die Pulsuhr misst Ihre aktuelle Herzfrequenz und sagt Ihnen genau, ob Sie innerhalb Ihrer Belastungsgrenzen liegen, sich zu sehr oder zu wenig anstrengen. Natürlich könnten Sie den Puls auch mit dem Zeigefinger an der Halsschlagader nehmen; dies hat jedoch den Nachteil, dass Sie dazu das Training unterbrechen müssen. Das verfälscht den Wert.

Essen Sie gesund und vollwertig!
Geben Sie Vollkornnahrungsmitteln gegenüber Weißmehlprodukten den Vorzug. Frisches Obst und Gemüse sollte täglich mehrfach auf Ihrem Speiseplan stehen. Versuchen Sie, den Zuckerkonsum zu reduzieren. Auch den Fettanteil in der Nahrung sollten Sie möglichst gering halten. Verwenden Sie statt tierischer Fette lieber mehrfach ungesättigte Fette wie Olivenöl und achten Sie auf versteckte Fette, die sich in Wurst, Käse und Backwaren verbergen. Ein Croissant enthält 20 Gramm Fett!

Auch der Zeitpunkt der Nahrungsaufnahme spielt eine Rolle. Das Frühstück sollten Sie zwischen sieben und zehn Uhr zu sich nehmen, das Mittagessen zwischen 12 und 14 Uhr. Nach 18 Uhr sollten Sie keine schweren Mahlzeiten mehr einnehmen. Essen Sie regelmäßig dreimal täglich. Wenn Sie zwischendurch Hunger bekommen, können Sie vormittags und nachmittags einen Snack aus Obst oder rohem Gemüse einplanen. Lassen Sie möglichst keine Mahlzeit ausfallen, das bringt nur Ihren Blutzuckerspiegel aus dem Gleichgewicht und Sie essen anschließend umso mehr.

Wasser – Elixier des Lebens
Achten Sie generell, vor allem aber beim Sport darauf, immer genügend zu trinken. Das gleicht nicht nur den Wasserverlust durch das Schwitzen aus, sondern hilft auch beim Ausschwemmen von Schlacken und Giftstoffen, die durch die Aktivität aus dem Gewebe in den Kreislauf geschleust werden. Zwei bis drei Liter Wasser pro Tag benötigt der Körper, am besten über den Tag verteilt. Als Hinweis, ob Sie ausreichend Flüssigkeit im Körper haben, können Sie die Farbe des Urins ansehen: Ist die Färbung sehr hell, ist Ihr Wasserhaushalt in Ordnung.

GU-ERFOLGSTIPP
TRINKEN KILLT KALORIEN

Wer sein Gewicht reduzieren möchte, kann dies durch eine erhöhte Wasserzufuhr unterstützen. Ein Hauptgrund: Wasser hat keine Kalorien, füllt den Magen und verringert dadurch Appetit und Hungergefühl. Wenn Sie einen halben Liter Wasser auf nüchternen Magen trinken, steigt Ihr Grundumsatz kurzfristig um 30 Prozent. Dieser Schlankeffekt setzt nach 30 bis 40 Minuten ein und hält ungefähr eine Stunde lang an.

Ausdauertraining mit Köpfchen

Um Bauch, Beine und Po wieder in Form zu bringen und zu straffen, müssen Sie diese erst einmal vom Fett befreien. Das schaffen Sie garantiert durch regelmäßiges Ausdauertraining. Mit einer guten Planung ist das gar nicht so anstrengend, wie Sie zunächst vielleicht vermuten: Trainieren Sie ganz individuell nach dem Baukastensystem und werden Sie Ihr eigener Coach. Auf den folgenden Seiten finden Sie die richtigen Zutaten für Ihr persönlich abgestimmtes Workout.

Genau wie das Übungsprogramm ist das Ausdauertraining in drei Stufen unterteilt. Die erste Stufe ist ein Grundlagentraining, mit dem Sie Ihren Fettstoffwechsel auf Touren bringen und bei dem Ihr Körper lernt, schneller als bisher auf die Fettpölsterchen als Energiespender zurückzugreifen. Auf der zweiten Stufe wird der Kalorienverbrauch dann erhöht. Die dritte Stufe liefert kurze, schnelle Kalorienkiller, mit denen Sie kleine Ernährungssünden rasch ausgleichen können. Alle drei Stufen bauen selbstverständlich aufeinander auf.

Ins Ausdauertraining starten

Wählen Sie zunächst das zu Ihnen passende Trainingsniveau aus: Frauen ohne oder mit wenig Sporterfahrung sollten zuerst das Trainingsprogramm auf Level 1 absolvieren. Liegt Ihr BMI im Normalbereich, kommt die Wahl der Trainingsstufe auf Ihren individuellen Leistungsstand an. Sind Sie bereits einigermaßen trainiert, joggen schon seit mehr als drei Monaten und können eine Stunde locker am Stück traben, können Sie auf Level 2 einsteigen. Frauen, die mehrmals pro Woche eine Stunde oder länger joggen und dabei auch mal eine schnellere Gangart anschlagen, dürfen gleich mit Level 3 beginnen. Wenn Sie zwischen zwei Trainingsstufen schwanken sollten, entscheiden Sie sich lieber für die untere. So ist sichergestellt, dass die nötigen Grundlagen auch wirklich vorhanden sind und Sie sich und Ihren Körper nicht überfordern. Grundsätzlich gilt: Bevor Sie mit dem Ausdauerprogramm anfangen, sollten Sie sicherstellen, dass Sie gesund sind, und im Zweifelsfall Rücksprache mit Ihrem Arzt halten.

Beginnen Sie mit dem Ausdauertraining zunächst ganz sanft und steigern Sie sich langsam. Nutzen Sie die ersten fünf bis zehn Minuten des Trainings für ein gründliches Warm-up, bei dem Sie Ihren Pulswert auf das notwendige Niveau anheben (ab Seite 46). Nach neuesten wissenschaftlichen Erkenntnissen ist ein Andehnen der Muskeln vor dem Training nicht unbedingt notwendig. Wenn Sie möchten, können Sie es trotzdem machen. Der Nutzen des Dehnens nach dem Training ist ebenso umstritten; nach dem derzeitigen Stand der Wissenschaft ist nicht sicher, ob Stretching

DEHNEN MACHT SCHLANK

Regelmäßiges Stretching schützt Sie nicht nur vor Verletzungen beim Taining, es lässt Sie auch größer und schlanker wirken und aufrechter gehen. Außerdem verleiht es Ihnen eine königliche Ausstrahlung. Denken Sie also auch im Alltag daran: Die Schultern zurücksetzen, den Kopf aufrecht halten und die Bauchspannung aktivieren.

die Regeneration der verschiedenen Muskelpartien nach dem Workout fördert.

Für die Funktionsfähigkeit der Muskeln und den Bewegungsumfang ist es jedoch ausgesprochen wichtig, die Muskulatur aus dem angespannten Zustand, in dem sich Muskelfasern übereinanderschieben, wieder in den entspannten Zustand zu bringen und die Bewegung der Gelenke in vollem Umfang zu gewährleisten. Auch Sehnen und Bänder gilt es zu bearbeiten. All das lässt sich mit Stretching erreichen. Es zieht den trainierten Muskel lang und die Fasern in die Ausgangsposition zurück. Gleichzeitig werden Sehnen und Bänder dazu bewegt, dem Gelenk vollen Spielraum zu geben. Das verbessert nicht zuletzt die Figur. Dehnübungen finden Sie bei den Muskelkräftigungsprogrammen auf den Seiten 68–69, 88–89 und 106–107.

Der Mythos vom Fettverbrennungspuls

»Lange und langsam« lautet die immer noch weit verbreitete Empfehlung, wenn es ums Abnehmen geht. Lange Trainingseinheiten mit konstant niedrigen Herzfrequenzwerten sollen die Fettpölsterchen knacken – das tun sie aber alleine nicht. Genauso wenig effektiv ist undurchdachtes Powertraining. Um den Speckröllchen zu Leibe zu rücken, müssen Sie sich einen ausgeklügelten Plan zurechtlegen, der beide Formen beinhaltet. Nur langsam durch den Wald zu traben kurbelt zwar den Fettstoffwechsel an, aber die absolute Menge an verbrauchter Energie ist dabei relativ gering. Trotzdem sollten Sie auf langsames Cardiotraining auf keinen Fall verzichten.

Denn genau dieses Training ist dafür verantwortlich, dass die Fettverbrennung auch im Alltag gut funktioniert und der Körper schneller auf Hüftspeck zurückgreift, anstatt mit Hungergefühl nach Kohlenhydraten zu verlangen.

Grundsätzlich kann der Körper aus drei verschiedenen Stoffen Energie gewinnen: aus Kohlenhydraten, Fett und Proteinen. Die Proteine sind allerdings gleichzeitig auch Bausteine für sämtliche Körperzellen, deswegen greift der Körper nur bei extremen Belastungen, etwa bei einem Marathon, auf diese Energieträger zu-

DER MIX MACHT'S
Nur mit der idealen Kombination aus Ausdauer- und Muskeltraining ist eine Veränderung der Figur wirklich möglich – Sie werden überrascht sein, wie gut das funktioniert.

rück. Am liebsten bedient er sich bei den Kohlenhydraten. Sie sind für den Körper relativ rasch verfügbar, da sie am unkompliziertesten Energie für die Muskeln liefern.

Ab jetzt wird Fett verbrannt

Allerdings gehen die Kohlenhydratspeicher schnell zur Neige. Dann ist der Körper auf das Körperfett als Energiespender angewiesen. Es ist ein nahezu unerschöpflicher Energiespeicher, aus dem sich der Körper bei einer längeren Belastung bedient. Je besser trainiert man ist, umso eher greift der Körper auf die Fettreserven zurück. Deshalb kann ein trainierter Mensch eine Ausdauerbelastung auch länger durchhalten.

Im untrainierten Zustand dagegen ist die Energiegewinnung aus Körperfett weitestgehend eingeschlafen. Doch das können Sie mit dem Stufe-1-Training ganz einfach ändern.

Im zweiten Schritt können Sie dann die Kalorienverbrennung so richtig pushen. Der Anteil an Fetten gegenüber Kohlenhydraten beim Kalorienverbrauch fällt hier zwar geringer aus, dafür ist die absolute Menge an verbrannten Fettkalorien deutlich größer als beim langsamen Training. Den richtigen Kick bringt Ihnen schließlich Stufe 3 mit kurzen, knackigen Intervallen. Diese Spitzenbelastungen, die sogenannten Peaks, sind kleine, effektive Kalorienkiller. Außerdem sorgen sie für eine deutlich höhere Stoffwechselrate auch nach dem Training. Sie verbrennen also auch nach dem Training auf der Couch noch mächtig Kalorien.

TIPP

Legen Sie beim Joggen Zwischenspurts ein, wenn Sie schon über eine gute Kondition verfügen. Vielleicht gibt es eine Freitreppe auf Ihrer Joggingstrecke, die Sie für einen Steigungslauf nutzen können.

CARDIOTRAINING

Ein anderes und häufig benutztes Wort für Ausdauertraining ist Cardiotraining – weil es die Herztätigkeit verbessert (griech. kardía = Herz). Bei regelmäßigem Training wird der Herzmuskel größer und muss daher weniger oft schlagen, um eine größere Menge Blut durch den Körper zu pumpen. Der Vorteil: Die Herztätigkeit wird ökonomischer, das Blut bekommt bessere Fließeigenschaften und die Lungen können mehr Sauerstoff aufnehmen.

Herzfrequenzwerte im Überblick

Um zu wissen, mit welcher Herzfrequenz (Puls) Sie wann trainieren sollten, nehmen Sie die Tabelle unten zu Hilfe. Suchen Sie im Diagramm zuerst Ihr Alter aus. Dann wählen Sie die Trainingsstufe; jede ist durch eine andere Farbe gekennzeichnet. Ausgehend von Ihrem Alter ziehen Sie eine senkrechte Linie bis zum gewünschten Level. An der oberen Kante des Bereichs ziehen Sie eine waagrechte Linie nach links – und Sie finden Ihre Obergrenze. Dann ziehen Sie an der unteren Kante dieses Bereichs eine Linie nach links – und Sie finden Ihre Untergrenze. Sie haben Ihre Herzfrequenz-Zielzone ermittelt. Vergewissern Sie sich während des Trainings mithilfe einer Pulsuhr (Seite 20) immer wieder, dass Sie innerhalb dieses Bereichs trainieren.

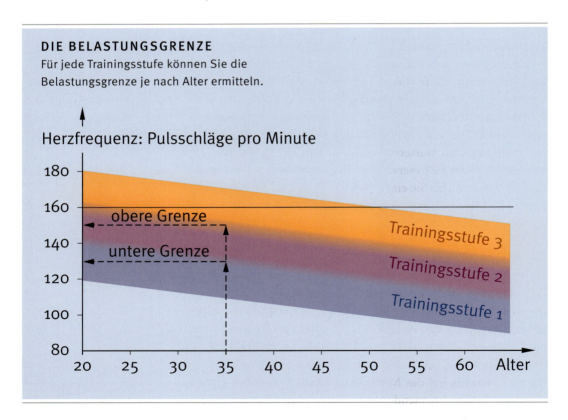

DIE BELASTUNGSGRENZE
Für jede Trainingsstufe können Sie die Belastungsgrenze je nach Alter ermitteln.

So aktivieren Sie die Fettverbrennung

Auf Stufe 1 des Ausdauertrainings aktivieren Sie den Fettstoffwechsel Ihres Körpers. Bisher haben Sie hauptsächlich von Ihrem Kohlenhydratkonto Energie abgebucht. Nun können Sie bald von den Reserven der Fettdepots Kalorien abziehen.

Ein Kilogramm Fett enthält 9000 Kilokalorien. Um ein Kilo Fettgewebe zu verbrennen, müssen 7000 Kilokalorien aktiv verbrannt werden. Das entspricht theoretisch etwa 10 bis 15 Stunden Jogging. Praktisch ist die Sache ein wenig komplizierter. Denn erst einmal müssen Sie Ihren Körper davon überzeugen, dass er nicht weiter auf den Depots an Bauch, Beinen und Po zu sitzen braucht, um für die nächste Hungersnot gerüstet zu sein. Dazu müssen Sie sich für eine Sportart entscheiden, die für langes, langsames, konstantes Training geeignet ist, zum Beispiel Laufen, Radfahren oder Schwimmen. Bewegen Sie sich regelmäßig, wenn möglich vier- bis sechsmal pro Woche, in Ihrem Stufe-1-Pulsbereich. Eine Trainingseinheit sollte zu Anfang 30 Minuten lang sein und sich im Laufe von sechs bis acht Wochen auf 45 bis 60 Minuten ausdehnen. Wenn Ihr BMI bei 25 oder höher liegt, werden Sie innerhalb kurzer Zeit einen bemerkenswerten Gewichtsverlust feststellen. Der Körper entledigt sich nicht nur der im Gewebe eingelagerten Wassermengen, sondern wird auch geschult, schneller auf die Fettreserven zurückzugreifen. Absolvieren Sie dieses Programm, bis Sie einen BMI von unter 25 erreicht haben. Liegt Ihr BMI ohnehin schon darunter, sollten Sie etwa drei Monate lang nach diesem Grundlagenprinzip trainieren, bevor Sie Stufe 2 versuchen. So schaffen Sie eine solide Grundlage für jeden weiteren Schritt in Sachen Fettschmelze.

FETTSCHMELZE
Regelmäßiges Ausdauertraining im aeroben Bereich (mit Sauerstoffaufnahme) sorgt dafür, dass Ihr Körper lernt, sich die benötigte Energie aus den ungeliebten Fettdepots zu holen und nicht aus den Kohlenhydratspeichern (Leber und Muskeln).

Den Kalorienofen anheizen

Inzwischen hat Ihr Körper gelernt, dass er auch bei kurzen Belastungseinheiten aus den Fettreserven Energie schöpfen soll. Das ist gut so, denn nur wenn der Fettstoffwechsel einwandfrei funktioniert, können Sie auch in Ruhe mehr Kalorien verheizen. Unterstützend wirkt dabei das Muskeltraining, weil es dazu beiträgt, dass mehr Fett verbrennendes Muskelgewebe aufgebaut wird.

Noch mehr Kalorien verbrennen Sie durch Ausdauertraining auf Stufe 2: Durch gezielt eingesetzte Intervalle können Sie Ihren Kalorienverbrauch noch weiter erhöhen. Suchen Sie sich anhand der Tabelle auf Seite 26 Ihre Belastungsgrenzen für die erste und zweite Stufe heraus. Wählen Sie aus der Tabelle auf Seite 29 eine Sportart aus, die für Stufe 1 und 2 gleichermaßen geeignet ist und die Ihnen Spaß macht.

Und so geht's: Nach dem Aufwärmen trainieren Sie zehn Minuten im Stufe-1-Bereich. Es folgen fünf Minuten im Stufe-2-Bereich. Dann wieder im Stufe-1-Bereich trainieren. Machen Sie beim ersten Mal insgesamt drei Stufe-2-Einheiten, den Rest der Zeit trainieren Sie wie gewohnt auf Stufe 1. Steigern Sie die Anzahl der Stufe-2-Intervalle in den nächsten zwei Wochen auf fünf je Trainingseinheit. Behalten Sie die Fünf-Minuten-Intervalle zwei Wochen lang bei, dann verlängern Sie sie im Lauf von zwei Wochen auf etwa zehn Minuten. Vernachlässigen Sie dabei das Stufe-1-Training jedoch nicht. Ein Drittel bis die Hälfte aller Trainingseinheiten sollten Sie weiterhin auf dieser Stufe absolvieren. Zur Verdeutlichung hier ein Beispiel: Bei vier Trainingseinheiten pro Woche, können Sie zwei Einheiten mit und zwei Einheiten ohne Intervalle machen. Haben Sie das Trainingspensum mit drei bis vier Intervallen zu je zehn Minuten erreicht, trainieren Sie etwa sechs Wochen in diesem Bereich, bevor Sie mit dem Stufe-3-Programm beginnen. Eine Trainingseinheit auf Stufe 2 sollte etwa 40 bis 60 Minuten dauern.

Powern mit System

Stufe 1 hat Sie fit gemacht, was den Fettstoffwechsel betrifft. Mit Stufe 2 haben Sie den Kalorienverbrauch angeheizt. Stufe 3 ist nun die Krönung Ihres Ausdauertrainings: Kurze, hochintensive Ausdauereinheiten bringen auch hartnäckige Fettpolster zum Schmelzen, indem der Körper vor eine neue Herausforderung bei der Energiegewinnung gestellt wird. Kleine Powerintervalle fordern den schnellen Einsatz von Energie aus dem muskulären Kohlenhydratspeicher und erhöhen den Stoffwechsel für mehrere Stunden. Gute Aussichten, die eine echte Motivation bedeuten.

TIPP

Mit einer kalorienbewussten, fettarmen Ernährung, ausreichend Schlaf, einem gesunden Lebenswandel und einer guten Wasserversorgung unterstützen Sie den Fettabbau optimal.

Welche Sportart ist die richtige?

Joggen, Nordic Walking, Schwimmen, Tennis spielen oder Squash? Welche Sportart für welche Ausdauerstufe passend ist und wie viele Kalorien eine 70 Kilo schwere Frau dabei durchschnittlich in 30 Minuten verbrennt, können Sie aus dieser Tabelle ersehen. Lassen Sie sich bei Ihrer Wahl für die jeweilige Ausdauersportart aber nicht nur durch den Aspekt »maximaler Kalorienverbrauch« leiten, sondern auch danach, was Ihnen persönlich am meisten Spaß macht.

Sportart	Geeignet für Stufe	Kalorienverbrauch in 30 Minuten
Aerobic	1–3	220
Golfen	1	100
Jogging, 1 km in 7 Min.	1–2	285
Jogging, 1 km in 5 Min.	2–3	430
Klettern	2–3	200
Nordic Walking	1–3	330
Radeln, ca. 10–15 km/h	1–2	210
Radeln, ca. 20–25 km/h	2–3	350
Reiten, Galopp	2–3	285
Rudern	1–3	300
Schwimmen	1–3	330
Skaten	1–3	245
Spinning	1–3	280
Squash	2–3	445
Step-Aerobic	1–3	250
Tae Bo	2–3	350
Tennis	2–3	230
Walken	1–2	295

SPASS IST TRUMPF
Wenn Sie Spaß an einer Sportart haben, wird das Training zum Vergnügen.

Powertraining

Und so geht's: Schauen Sie auf Seite 26 nach Ihrer Belastungsgrenze für das Stufe-3-Training. Bitte halten Sie sich unbedingt daran und überfordern Sie sich nicht. Wenn Sie im anaeroben Bereich trainieren, entsteht das Abfallprodukt Laktat, das den Muskel übersäuert und zu einem verfrühten Leistungsabbruch führen kann (siehe dazu auch Seite 31). Es ist also absolut wichtig, daß Sie langsam und behutsam ihre körperliche Leistungsfähigkeit steigern. Picken Sie sich dann in Ihrer Wochenplanung eine Trainingseinheit auf Stufe 2 heraus. Diese Trainingseinheit ersetzen Sie durch ein Stufe-3-Training. Das Gute daran ist, dass es nur 20 Minuten dauert. Aber: Sie werden so richtig aus der Puste kommen! Wärmen Sie sich also zunächst fünf bis zehn Minuten auf. Dann trainieren Sie fünf Minuten wie gewohnt. Und jetzt kommt's: Geben Sie 20 Sekunden lang so richtig Gas! Sprinten, schwimmen, radeln Sie mit maximaler Intensität! Machen Sie das beim allerersten Durchgang nur ein einziges Mal, danach locker in der Stufe-1-Zone weitermachen. Das zweite Powertraining sollte ungefähr eine Woche später stattfinden, mit der nächsten Stufe-1-Einheit sollten Sie 48 Stunden warten. Steigern Sie die Häufigkeit der 20-Sekunden-Intervalle, bis Sie auf drei bis vier innerhalb von 20 Minuten kommen. Durch die ungewohnte Spitzenbelastung ist der Körper nach nur 20 Minuten vollkommen ausgepowert und braucht viel Zeit, um sich zu erholen. Sowohl Muskelzellen als auch Energiespeicher benötigen dazu volle zwei Tage, auch wenn Sie sich nach 24 Stunden wieder weitestgehend fit fühlen.

WICHTIG
Beim Powertraining sollten Sie es nicht übertreiben. Die Pausen zwischen den Powerintervallen und den einzelnen Trainingseinheiten sind wichtig für die Regeneration.

Auf die Pausen kommt es an

Um den Körper nicht zu überfordern, sollten Sie das Stufe-3-Cardiotraining nicht zu häufig absolvieren. Ein- bis zweimal pro Woche zwei bis drei Wochen lang ist absolut ausreichend. Danach sollten Sie zwei bis drei Wochen lang ohne intensive Intervalle trainieren und wieder mehr Cardioeinheiten auf Stufe 2 absolvieren. Vernachlässigen Sie jedoch das Training auf Stufe 1 nie, denn es stellt die Grundlage für die dauerhafte Fettschmelze dar.

OFT GEFRAGT

Die optimale Fettverbrennung

Wer abnehmen und Fett verbrennen will, hat viele Fagen. Einige dieser Fragen tauchen immer wieder auf, diese beantworten wir hier.

Startet die Fettverbrennung wirklich erst nach 30 Minuten?
Dieser Fitness-Mythos hält sich ebenso hartnäckig wie Fett-Pölsterchen. Tatsache ist, dass die Energiebereitstellung von der Intensität der Belastung abhängt, nicht von der Dauer der Trainingseinheit. Sie verbrennen bei jeder Aktivität auch Fettkalorien! Wie viel, das hängt davon ab, wie intensiv die Anstrengung ausfällt, aber auch vom Trainingszustand des Körpers.

Muss ich joggen, um Fett zu verbrennen?
Nicht unbedingt. Wichtig ist nur, dass Sie für das Stufe-1-Training eine Sportart wählen, die gut zu dosieren ist, damit Sie die Pulsgrenzen einhalten können. Ebenso wichtig: Regelmäßiges Muskeltraining. Trainierte Muskeln holen sich die Energie nämlich aus den Fettzellen – und das sogar noch in Ruhe. Bauen Sie durch Training Muskeln auf, so kann Ihr täglicher Grundumsatz um etwa 30 Kalorien je zusätzliches Kilo Muskeln steigen. Den Grundumsatz berechnen Sie wie folgt: Körpergewicht mal 7 plus 700.

Nehme ich bereits beim Training ab?
Das hängt von der Belastungsdauer ab. Beim Marathon greift der Körper auf Fettdepots zu. Grundsätzlich aber gilt: Auf den erhöhten Fettstoffwechsel nach dem Training kommt es an. Wichtig ist auch die negative Energiebilanz: Wenn Sie mehr Kalorien verbrauchen, als Sie zu sich nehmen, holt sich der Körper die fehlende Energie aus dem Fettgewebe.

Was ist der Nachbrenneffekt?
Nach einem Training auf Stufe 2 und 3 bleibt der Stoffwechsel weiter aktiv. Das bedeutet, dass sich der Gesamtenergieumsatz erhöht und Ihr Körper auch in Ruhe weiter Fett verbrennt – vor allem wenn Sie noch zwei Stunden auf Nahrungsaufnahme verzichten.

Wann ist mein Cardiotraining aerob?
Aerob bedeutet, dass die Energiegewinnung mittels Sauerstoff stattfindet. Steht dem Körper nicht genug Sauerstoff zur Verfügung, greift er auf die anaerobe Energiegewinnung ohne Sauerstoff zurück. Das Cardiotraining auf Stufe 1 ist aerob, das auf Stufe 2 aerob und anaerob, auf Stufe 3 ist es anaerob.

Effektives Muskeltraining

Eine knackige Kehrseite, straffe Oberschenkel und Waden, ein flacher Bauch – mit einem guten Muskeltrainingsprogramm formen Sie Ihren Körper, wie Sie möchten. Doch bevor es losgeht, sollten Sie noch ein paar grundlegende Dinge erfahren.

Alle Übungen, die Sie im nächsten Kapitel finden, teilen sich in drei verschiedene Schwierigkeitsstufen: Level 1, Level 2 und Level 3. Auf Level 1 trainieren Sie zunächst ohne jedes Hilfsmittel, das heißt nur mit Ihrem Körper.

Den richtigen Einstieg finden

Für die Übungen auf dem Boden brauchen Sie eine Gymnastikmatte; sie dient gleichzeitig als Trainingsgerät und sollte daher strapazierfähig sein. Zusätzlich können Sie sich außerdem ein Balance Pad anschaffen; das bekommen Sie im gut sortierten Sportfachhandel ab 20 Euro. Mit dieser kippligen Unterlage können Sie zusätzlich Muskeln trainieren und viel für Ihre Balance und Koordination tun.

Halten Sie immer eine Trinkflasche mit Wasser griffbereit, denn durch das Training werden Sie mit Sicherheit ins Schwitzen kommen! Trainieren Sie auf Level 2 oder 3, sollten Sie sich ein Tube, also ein Gummiband mit Griffen, oder ein Theraband anschaffen. Achten Sie darauf, die Stärke des Bandes nicht zu hoch zu wählen. Sehr leichte Bänder sind aber auch nicht zu empfehlen, da Sie ohnehin keine Level-1-Übungen damit machen werden. Erhältlich sind die Bänder im gut sortierten Sportfachhandel ab 10 Euro. Wenn Sie auf Level 2 trainieren, sollten Sie auch ein Paar Hanteln mit einem Gewicht von jeweils 1,5 bis 2 Kilogramm bereithalten. Sie sind ebenfalls im Fachhandel erhältlich und kosten um die 20 Euro. Alternativ können Sie auch zwei Wasserflaschen verwenden; diese sind allerdings etwas unpraktisch, da sie nicht so einfach zu halten sind.

Wenn Sie es noch nie mit Krafttraining probiert haben, wird Ihnen das Training anfangs vielleicht anstrengend vorkommen. Aber nicht lange! Bereits nach zwei Wochen hat sich der Körper schon etwas an die Belastung gewöhnt – und spätestens nach sechs Wochen ist auch das Gehirn ganz auf Sport getrimmt. Nie wieder wird Ihnen der Einstieg so schwer fallen wie beim ersten Mal – selbst wenn Sie eine längere Sportpause einlegen sollten. Auch die Muskeln haben ein »Gedächtnis«: Sie reagieren eher, wenn sie bereits trainiert wurden. Versuchen Sie einfach, sich an Ihrem Körpergefühl zu orientieren. Merken Sie nach einigen Wochen, dass Ihnen das

ZU ZWEIT LÄUFT'S BESSER

Der Wille zur Veränderung des Körpers muss größer sein als die Versuchungen. Holen Sie sich Unterstützung an die Seite! Mit einer Freundin, die ebenfalls ihren Körper formen möchte, trainiert es sich leichter. So können Sie sich austauschen und gegenseitig motivieren oder auch korrigieren, wenn es einmal nicht so gut läuft.

Training leichtfällt, steigern Sie sich. Nur ein gezielt gesetzter, nicht zu intensiver, aber auch nicht zu schwacher Trainingsreiz fordert Ihre Muskeln so, dass Sie Ihren Körper damit optimal formen. Andersherum gilt: Fällt Ihnen das Training sehr schwer, schalten Sie einen Gang herunter! Gerade wenn Sie sich matt und erschöpft fühlen, sollten Sie nur ein leichtes Training absolvieren. Das ist völlig in Ordnung! Eine strikte Trainingspause ist nötig, wenn Sie krank sind, Fieber haben oder starken Muskelkater verspüren. Sportliche Anstrengung bei Krankheit kann dauerhafte Schäden im Körper anrichten – das gilt nicht nur für das Muskel-, sondern auch für das Cardio- beziehungsweise Ausdauertraining. Lassen Sie sich also unbedingt genügend Zeit, um gesund zu werden! Andernfalls riskieren Sie Ihre Gesundheit.

Timing ist alles

Um effektiv Muskeln aufzubauen und zu formen, braucht Ihr Körper etwas Zeit. Da die Muskeln nicht unmittelbar beim Training, sondern in der Erholungsphase danach repariert und aufgebaut werden, sollte zwischen dem Training einer bestimmten Muskelgruppe, etwa der Beine, immer ein zeitlicher Abstand von mindestens 24 Stunden liegen, nach einem sehr intensiven Training sogar 48 Stunden. Entscheiden Sie aus Ihrem Gefühl heraus, ob Sie bereit sind für eine nächste Trainingseinheit. Auch wenn 24 Stunden bereits vergangen sind, sollten Sie kurz in sich hineinhören: Fühlen sich die Muskeln noch schwer und kraftlos an, ist Ihnen überhaupt nicht nach Workout? Dann verschieben Sie die Trainingseinheit. Stattdessen können Sie eine andere Körperpartie bearbeiten oder ein Cardiotraining absolvieren.

Wie oft pro Woche?

Einsteiger sollten nicht übertreiben und zunächst höchstens drei Kräftigungseinheiten pro Woche einplanen. Im Laufe der nächsten vier Wochen kann man auf vier Workouts pro Woche erhöhen. Fortgeschrittene und gut Trainierte können problemlos mit vier Einheiten beginnen und diese innerhalb von vier Wochen auf fünf- bis höchstens sechsmal wöchentlich steigern.

> **WICHTIG**
> Hören Sie auf Ihren Körper! Wenn Sie spüren, dass Ihre Muskeln noch »müde« sind, machen Sie eine Pause. Ihr Körper braucht Zeit für seine Umbauarbeiten – gönnen Sie sie ihm!

Cardiotraining sollten Sie mindestens dreimal pro Woche machen. Trainieren Sie auf Level 1, versuchen Sie, das Cardiotraining zunächst eine halbe Stunde lang durchzuhalten, und steigern Sie die Dauer dann innerhalb von sechs bis acht Wochen auf 45 bis 60 Minuten. Auf Level 2 sollte die Trainingseinheit 40 bis 60 Minuten dauern, auf Level 3 nur 20 Minuten. Einen Tag in der Woche sollten Sie sich eine Pause gönnen, in der Sie weder Cardio- noch Krafttraining absolvieren.

Zu welcher Tageszeit?

Planen Sie Ihr Workout und das Ausdauertraining als feste Termine in Ihren Tagesablauf ein. Diese Zeit ist nur für Sie reserviert, ein wichtiger persönlicher Termin, den Sie unbedingt wahrnehmen sollten. Lassen Sie sich nicht davon abbringen! Ob Fitnesstermine morgens vor der Arbeit oder danach am Abend liegen, ist daher völlig unwichtig.

Achten Sie nur darauf, das Cardiotraining möglichst nicht vor 7.30 Uhr zu machen, denn der Kortisolspiegel im Körper ist zu diesem Zeitpunkt noch recht hoch. Das könnte zu Abgeschlagenheit im Laufe des Tages führen und belastet das Herz unnötig, da Kortisol ein Stresshormon ist. Wenn Sie abends trainieren, bedenken Sie, dass der Körper auf Hochtouren kommt. Wer direkt nach dem abendlichen Training ins Bett geht, könnte eventuell Probleme beim Einschlafen haben. In diesen Fällen hilft jedoch meistens eine Tasse Kräutertee.

SIE BESTIMMEN DEN ZEITPUNKT
Im Prinzip können Sie zu jeder Tageszeit trainieren. Das ist praktisch, denn so finden Sie leichter eine Lücke in Ihrem Terminkalender.

Leisten Sie Widerstand!

Kräftigungsübungen sind Übungen gegen einen Widerstand, also entweder gegen den künstlich erzeugten Widerstand von Hanteln, Gummibändern und Geräten oder den natürlichen Widerstand des eigenen Körpergewichts durch Ausnutzung der Schwerkraft. Indem Sie einzelne Bewegungsabläufe mehrmals wiederholen (etwa 20- bis 25-mal), können Sie bestimmte Muskeln und Muskelgruppen ganz gezielt trainieren. Durch die so entstehenden Reize wird der Muskel in der Erholungszeit nach dem Training repariert und verstärkt, dadurch wächst er und nimmt

Formen an. Mithilfe von Gewichten können Sie die Belastung zusätzlich steigern und den Muskel zu einem stärkeren Wachstum anregen als durch die bloße Belastung mit dem eigenen Körpergewicht. Dabei hängt es von der Art der Muskelfasern und Ihrem Körpertyp (Seite 18–19) ab, wie Sie am besten trainieren.

Im menschlichen Körper existieren zwei Arten von Muskelfasern: Das sind zum einen die Muskelfasern, die sich schnell zusammenziehen, die sogenannten Fast-twitch-Fasern. Diese Fasern kommen bei abrupten Bewegungen zum Einsatz, beispielsweise bei schnellen Sprints oder auch beim Krafttraining. Die Energie für diese kurze, aber intensive Belastung kommt direkt aus den Energiedepots in den Muskelzellen. Zum anderen gibt es Muskelfasern, die sich langsam zusammenziehen, die sogenannten Slow-twitch-Fasern. Vor allem bei langen, ausdauernden Belastungen,

Mit Hilfsmitteln wie Hanteln oder Theraband erhöhen Sie den Trainingsanreiz.

also beim Cardiotraining, kommen sie zum Einsatz. Die dafür benötigte Energie kann durch verschiedene Stoffwechselprozesse, das heißt durch Verbrennung von Kohlenhydraten oder Fett, zur Verfügung gestellt werden. Je nach Körpertyp sind die Muskelfasern im Körper unterschiedlich verteilt. So wird der ektomorphe Typ mit mehr Slow-twitch-Fasern weniger Probleme mit seinem Körpergewicht haben, dafür aber schlecht an Formen gewinnen. Genau andersherum verhält es sich beim endomorphen Typ: Das Aufbauen von Muskulatur fällt ihm nicht schwer, wohl aber das Abnehmen – aufgrund von weniger Slow-twitch-Fasern in der Muskulatur. Mesomorphe Typen verfügen über relativ ausgewogene Anteile beider Muskelfaserarten. Das kann sich auf zweierlei Weise auswirken: Entweder es fällt ihnen leichter, den Körper proportioniert zu formen, oder aber sie haben Schwierigkeiten sowohl beim Abnehmen als auch beim Bodyforming. Sie sehen also, welche Art von Muskelfasern bei einem Menschen jeweils dominieren ist erblich bedingt. Wenn Sie nächstes Mal neidvoll schlankeren Frauen hinterher schauen seien Sie sich bewusst, dass Sie die Chance haben Ihren Körper wunderschön zu formen, während anderen dies versagt bleibt.

Muskeln formen – gewusst wie

Viele Frauen meinen, dass Kräftigung gleichbedeutend mit dicken, plusterigen Muskelbergen ist. Doch es besteht kein Grund zur Sorge, solange Sie den Anweisungen dieses Buches folgen. Für solche unerwünschten Effekte sind die hier angegebenen Widerstände viel zu gering. Außerdem sorgen ausgleichende Dehnübungen dafür, dass sich die Muskeln wieder lang strecken und nicht unnötig aufpumpen.

In die Tiefe vordringen

Eine gute Körperhaltung, durch die Sie anmutig und elegant aussehen, können Sie durch Training der tief liegenden Muskelschichten erreichen. Das hat neben dem optischen Gewinn noch einen anderen Vorteil: Das Training spricht die kleinen Muskeln an, die das Skelett umgeben. Diese schützen nicht nur Knochen

DEN KÖRPER FORMEN
Bauch-Beine-Po-Training ist nicht gleich Bodybuilding. Es besteht keine Gefahr, dass Sie zum Muskelprotz werden, wenn Sie die hier vorgestellten Übungen machen.

und Gelenke, sondern vor allem die Wirbelsäule. Gerade wenn Sie Rückenbeschwerden haben, sollten Sie entsprechende Übungen in Ihren Trainingsplan integrieren. Durch das von innen angelegte Muskelkorsett profitieren auch die darüber liegenden Muskelschichten. Vor allem Frauen, die schon lange trainieren, wundern sich manchmal darüber, dass Bauch und Po trotz regelmäßiger Übungen nicht flacher oder straffer werden. Oft hat das nicht mit einem Zuwenig an Training zu tun, sondern es liegt an einem Mangel an tiefenmuskulärem Training. Vor allem der Bauchbereich spricht schnell auf diese Trainingsform an. Kräftigen Sie also nicht nur die obenauf liegenden Muskeln, wie beispielsweise die gerade Bauchmuskulatur, sondern auch die tiefer liegenden Schichten, die den Bauchmuskeln Halt und Stütze bieten. Mit den folgenden Übungen können Sie die Tiefenmuskulatur von Bauch, Beinen und Po effektiv stärken: aus dem Bauchprogramm (ab Seite 52) Taillencrunch, Balance-Wippe, Gerader Bauchpush,

SUPERSLOW: DIE ENTDECKUNG DER LANGSAMKEIT

Sie trainieren schon länger und es fällt Ihnen insgesamt sehr leicht? Dann versuchen Sie doch mal die Übungen im Zeitlupentempo auszuführen! Mit dieser Variante bringen Sie nicht nur Abwechslung in Ihren Trainingsalltag, sondern fordern auch Ihre Muskeln auf ungewohnte Weise. Lassen Sie sich einfach bei den gewohnten Übungen viel mehr Zeit als sonst und führen Sie die Bewegungen in Zeitlupe aus:
> Beim Anspannen der Muskeln bis zehn zählen, dann die Spannung langsam lösen, während Sie bis vier zählen.
> Die Atmung während der ganzen Übung kontrollieren und ganz bewusst mit der Anspannung ein-, mit der Entspannung ausatmen.

> Die Moves sollten so fließend wie möglich erfolgen, abrupte oder reißende Bewegungen vermieden werden.
> Statt der üblichen Anzahl der Wiederholungen beschränken Sie sich auf fünf- bis sechsmal. Nach zwei Wochen Schneckentempo wieder normal trainieren.

Studien zeigen, dass das langsame Training einen Kraftzuwachs von bis zu 50 Prozent bringen kann. Einer der Gründe: Beim langsamen Workout führen Sie die Bewegungen korrekter aus, Sie können nicht mogeln und haben einen längeren Belastungszeitraum. Das Superslow-Training hat außerdem den Vorteil, dass Sie das Verletzungsrisiko minimieren.

Seitlicher Bauchpush, aus dem Beinprogramm (ab Seite 72) Powerschritt, Schenkelcrunch, Seitenlift, Backkick, Beinpower und aus dem Poprogramm (ab Seite 92) Polift und Seitenheber.

Stretching: lange Muskeln und schönste Formen

Bei jeder Kräftigungsübung müssen Sie bestimmte Muskeln anspannen. Eine Anspannung des Muskels bedeutet, dass er sich kontrahiert, also zusammenzieht. Dabei werden die einzelnen Fasern des Muskels übereinandergeschoben. Bei der Gegenbewegung, der Entlastung, werden die übereinandergeschobenen Muskelfasern wieder hintereinandergelegt, allerdings nicht vollständig. Eine Grundspannung im Muskel bleibt erhalten, da der Körper mit einer erneuten Belastung rechnet. Um diese Muskelspannung wieder abzubauen, müssen Sie die entsprechende Körperpartie dehnen. Das nimmt nicht nur die Spannung aus dem Muskel, sondern sorgt bei richtiger Ausführung auch dafür, dass Haltungsfehler, die eventuell durch Verkürzungen entstanden sind, beseitigt werden.

Ein gutes Beispiel bietet die untere Rückenmuskulatur: Im Bereich der Lendenwirbel neigt sie zur Verkürzung. Das Becken kippt infolgedessen nach hinten, der Bauch wölbt sich nach vorn. Das kann Ihnen nicht nur Rückenschmerzen bescheren, sondern auch einen vermeintlichen Kugelbauch, der sämtlicher Kräftigungsgymnastik widersteht und auch mit hartnäckiger Diät nicht flach zu bekommen ist. Dehnen Sie den Rücken lang, verschwindet der Kugelbauch von selbst.

Im folgenden Kapitel finden Sie zu allen Kräftigungsübungen immer auch ein paar Stretches, die Ihnen helfen, die Muskeln zu strecken und Fehlhaltungen mit einem negativen Figurfaktor auszumerzen. So werden die Muskeln lang und schlank – und Sie gewinnen erneut an Haltung.

WICHTIG
Beim Dehnen nie Nachwippen! Wenn die Dehnung maximal ist, atmen Sie aus und halten die Dehnung einfach noch ein wenig länger.

Kraftausdauer macht schlanke Muskeln

Kräftigungsübungen mit wenig Widerstand werden auch als Kraftausdauerübungen bezeichnet. Das bedeutet, dass die Muskulatur gekräftigt wird, gleichzeitig aber auch die Ausdauer des

Muskels trainiert wird. Das hat nichts mit der Ausdauer von Herz und Kreislauf zu tun, sondern sagt nur aus, dass Sie viele Wiederholungen mit niedrigem Gewicht absolvieren. Außerdem führt das Training mit wenig Gewicht dazu, dass sich der Muskel nicht aufplustert wie beim Training mit schweren Gewichten, sondern ein ästhetisches Volumen nicht überschreitet. Bei der Formung der Muskulatur in Richtung »lang und schlank« helfen Ihnen zusätzlich die Stretchübungen für die entsprechenden Körperstellen. Meine Empfehlung für eine gute Figur lautet: Machen Sie nach jedem Muskelkräftigungs-Workout ein Stretching. Um die Muskulatur zu fordern, sollten Sie bei dynamischen Bein- und Poübungen etwa 20 bis 30 Wiederholungen je Seite machen. Der Bauch benötigt etwas mehr Herausforderung: 30 bis 40 Wiederholungen je Move sind optimal. Die genaue Wiederholungsanzahl ist im Folgenden bei der jeweiligen Übung angegeben.

Fällt Ihnen eine Bewegung auf Level 2 oder 3 so schwer, dass Sie die angegebene Anzahl an Wiederholungen nicht schaffen, absolvieren Sie die noch fehlende Anzahl an Bewegungen auf Level 1. Halten Sie die angegebene Anzahl ein – das bringt den gewünschten Erfolg! Führen Sie die Bewegungen gleichmäßig durch und lassen Sie sich bei der Belastungsphase, beim Anspannen des Muskels, genauso viel Zeit wie bei der Entlastungsphase. Wichtig ist in diesem Zusammenhang auch die richtige Atmung: Atmen

WICHTIG

Wenn Sie die geforderten Wiederholungen einer Übung auf Level 2 oder 3 nicht schaffen, brechen Sie nicht ab. Trainieren Sie einfach auf Level 1 weiter, bis der Satz komplett ist.

GU-ERFOLGSTIPP   MUSKELN FORDERN

Ein Zuviel an Training kann die Muskeln überfordern. Machen Sie daher ausreichend Pausen zwischen dem Training einer Körperpartie. Ein Zuwenig aber ist genauso falsch: Bereits 24 Stunden in absoluter Ruhe sind der Muskulatur Grund genug, den Abbau nicht beanspruchter Muskeln zu veranlassen. Als Grundregel gilt: Kräftigungsübungen, einmal pro Woche durchgeführt, wirken dem Abbau der Muskulatur entgegen. Wer zweimal pro Woche Übungen macht, kann seine Muskeln problemlos bewahren. Drei- bis sechsmal pro Woche nach Plan trainieren wird mit Muskelaufbau belohnt.

Sie bei der Belastung, beim Anspannen des Muskels, betont aus und in der Entlastungsphase ein.

Die optimale Reihenfolge

Sie möchten mehr als nur eine Körperpartie an einem Trainingstag bearbeiten? Dann sollten Sie einen Grundsatz aus der modernen Sportwissenschaft beachten: Beginnen Sie immer damit, zunächst die größte Muskelgruppe zu trainieren, und arbeiten Sie sich dann schrittweise zur kleinsten Muskelgruppe vor. So stellen Sie sicher, dass kleinere Muskeln, die die großen Muskelpartien unterstützen, nicht vorzeitig ermüden und dass Sie die Bewegung sauber ausführen können.

Das bedeutet konkret: Das Beintraining zuerst absolvieren, dann die Poübungen und zuletzt das Bauch-Workout anschließen. Machen Sie vor jeder Workout-Einheit ein fünf bis zehn Minuten langes Warm-up, das Sie selbst aus dem Warm-up-Teil zusammenstellen können. Anschließend können Sie mit den Übungen beginnen. Pro Workout sollten Sie sich etwa 8 bis 15 Übungen heraussuchen; das entspricht einer Gesamtdauer des Trainings von 45 bis 60 Minuten, Warm-up und Stretching eingeschlossen. Variieren Sie die Übungen bei jedem Workout; so stellen Sie sicher, dass sich die Muskulatur nicht an den Bewegungsablauf gewöhnt und immer wieder gefordert wird.

TIPP
Beim Training zu Hause können Sie Ihre Haltung gut in einer großen Fensterscheibe kontrollieren.

Bewahren Sie Haltung!

Um das Muskeltraining korrekt auszuführen und damit jeder Move maximale Wirkung entfaltet, müssen Sie während des Trainings immer wieder Ihre Körperhaltung überprüfen. Ideal ist es, wenn Sie zum Training vor einem Spiegel stehen. Nur mit einer guten Körperspannung können Sie die Bewegungen korrekt ausführen und innerhalb kürzester Zeit die Veränderungen der jeweiligen Körperpartie beobachten.

Die Grundlage der richtigen Körperhaltung finden Sie hier. Die Anweisungen, die für die einzelnen Körperpartien speziell wichtig sind, finden Sie im nachfolgenden Kapitel bei den entsprechenden Übungen.

Richten Sie die Wirbelsäule auf!

Aktivieren Sie immer die Muskulatur von Rücken und Bauch, bevor Sie mit dem Übungsprogramm beginnen. Stellen Sie sicher, dass der Bauchnabel eingezogen ist und Bauch- und Rückenmuskulatur angespannt sind. Vor allem bei Übungen im Liegen gilt: Die natürliche S-Kurve der Wirbelsäule sollte nicht beeinträchtigt werden. Pressen Sie daher nicht den Rücken auf den Boden, sondern spannen Sie die Rumpfmuskulatur bewusst an. Achten Sie darauf, auch den Beckenboden zu aktivieren, also leicht anzuspannen. Den Kopf sollten Sie in Verlängerung der Wirbelsäule halten, ihn also nicht hängen lassen oder nach vorn schieben. Bei Übungen im Liegen ist es wichtig, den Abstand zwischen Kinn und Brust etwa faustbreit zu halten. Versuchen Sie bei Übungen im Stehen, die Wirbelsäule lang zu ziehen: Der Scheitelpunkt, also der höchste Punkt des Kopfes, sollte in Richtung Himmel gezogen werden, das Steißbein dagegen schwer wie Blei in Richtung Boden sinken. Das gibt der Lunge Raum zum Atmen, fördert die Sauerstoffaufnahme und gewährleistet den größtmöglichen Bewegungsumfang. Durch die ständige Kontrolle der Wirbelsäule behalten Sie außerdem eine ideale Grundspannung im Körper,

> **WICHTIG**
> Kontrollieren Sie immer wieder Ihre Haltung. Denken Sie im Liegen wie im Stehen daran, dass Sie Ihren Kopf in Verlängerung der Wirbelsäule halten.

DER BECKENBODEN

Eine gute Haltung ist maßgeblich geprägt vom Trainingszustand der tief liegenden Muskelschichten. Im Rumpfbereich spielt der Beckenboden deswegen eine große Rolle. Ihn anzuspannen ist nicht ganz einfach. Die dreischichtige Muskelplatte können Sie aktivieren, indem Sie folgende Übung machen: Setzen Sie sich aufrecht auf die Kante eines Stuhls. Ziehen Sie den Bauchnabel nach innen und in Richtung Rippen nach oben. Erspüren Sie dann die beiden Sitzknochen, auf denen Sie sitzen. Probieren Sie, diese zueinander zu bewegen. Das geht natürlich nur minimal, aber die Muskulatur, die Sie dazu benötigen, ist Ihr Beckenboden. In Verbindung mit der Nabelhochziehbewegung aktivieren Sie so den größten Teil des Beckenbodens.

die eine wesentliche Voraussetzung für die Effektivität der einzelnen Übungen ist.

Gelenke wollen geführt werden

Vermeiden Sie bei allen Übungen unkontrollierte Bewegungen. Die Gelenke sollten nie völlig durchgedrückt sein. Beides ist wichtig, um eine vollkommene Kontrolle über die Muskulatur sicherzustellen und Gelenkschäden vorzubeugen. Auch das Tempo spielt eine große Rolle: Machen Sie die Übungen immer so langsam, dass Sie sie noch kontrollieren können. Das Gewicht sollte zudem immer so gewählt sein, dass eine geführte Bewegung möglich ist. Jede Bewegung sollte von einem festgelegten imaginären Anfangs- bis zu einem Endpunkt durchgeführt werden. Auch federnde Bewegungen sollten Sie vermeiden, falls sie nicht ausdrücklich in der Übungsbeschreibung verlangt sind.

Atmen Sie mit der Bewegung!

Die Übungen werden intensiver und kontrollierter, wenn Sie mit der Bewegung atmen. Wird der Muskel angespannt, also belastet, atmen Sie aus. Das fördert den gleichmäßigen Bewegungsfluss und ermöglicht Ihnen bessere Konzentration auf die Muskulatur.

Um mit der Atmung nicht die Haltung der Wirbelsäule zu beeinflussen, können Sie eine sogenannte vollständige Atemtechnik anwenden, bei der Sie alle Bereiche der Lunge nutzen. Probieren Sie diese Technik zunächst vor dem Spiegel aus, ohne dabei eine bestimmte Übung auszuführen. Atmen Sie zuerst tief in den Bauch. Lassen Sie dann die Atmung in den unteren seitlichen Bereich des Brustkorbs strömen und erst anschließend fließend bis in die oberen Lungenbereiche unter dem Schlüsselbein dringen.

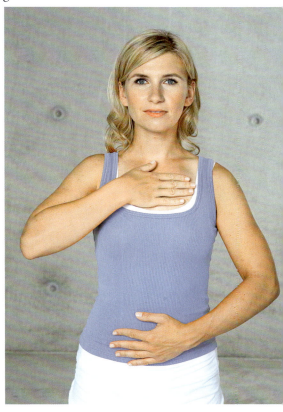

Üben Sie vorm Spiegel die Atmung in alle Bereiche von Brustkorb und Bauch.

BESTFORM FÜR BAUCH, BEINE UND PO

Jetzt kann es los gehen. Wählen Sie aus den folgenden Programmen das Passende für sich aus. Steigen Sie je nach Ihrem Trainingszustand auf Level 1, 2 oder 3 ein.

Aufwärmen mit Spaß 46
Flacher Bauch 50
Straffe Beine 70
Knackiger Po 90

Aufwärmen mit Spaß

Vor jedem Training ist es wichtig, die Muskeln auf Betriebstemperatur zu bringen und den Körper zu lockern. Wenn Sie mögen, legen Sie eine CD auf, die Sie in Trainingsstimmung bringt, und wärmen Sie sich dazu fünf bis zehn Minuten lang auf. Alternativ können Sie sich auch auf dem Hometrainer, Stepper oder Laufband aufwärmen. Trainieren Sie dazu aber nur unter moderater Belastung (Level 1). Gut aufgewärmt sind Sie immer dann, wenn Sie zu schwitzen beginnen.

Warm-up-Basics

Mit den folgenden Übungen machen Sie Ihre Muskeln ohne Verletzungsrisiko warm. Beginnen Sie immer mit einer Minute lockerem Marching. Versuchen Sie, alle Bewegungen im Rhythmus der Musik auszuführen und achten Sie unbedingt auf eine korrekte Ausführung der Moves.

Marching

1. › Stehen Sie aufrecht, den Kopf in Verlängerung der Wirbelsäule. Grundspannung im Körper aufbauen, indem Sie Bauch, Beckenboden und Rücken anspannen. Die Arme angewinkelt neben dem Körper halten.
   › Marschieren Sie auf der Stelle: Die Füße von den Zehenspitzen bis zur Ferse abrollen, dabei die Arme gegengleich nach vorn schwingen lassen.
   › Achten Sie darauf, den Oberkörper relativ ruhig zu halten, nicht nach vorn zu kippen und ganz gleichmäßig zu atmen.

1 | 2 Minuten

Punch

2. › Machen Sie eine weite Grätsche, die Knie gebeugt senkrecht über dem Mittelfuß halten. Die Hände zu Fäusten ballen und auf Kinnhöhe anheben.
   › Machen Sie dann kleine Sprünge nach rechts und links, wobei Sie das Gewicht nur kurz auf das jeweilige Bein verlagern.
   › Beim Sprung nach rechts mit der rechten Faust einen Punch zur Seite machen. Gewicht nach links verlagern und gleichzeitig den Arm zum Körper heranziehen. Nach einer Minute Seite wechseln und nach links punchen.

2 | 1 Minute je Seite

Rope Skipping

3
> Stellen Sie sich gerade hin und halten Sie die Füße parallel. Der Abstand zwischen den Füßen sollte ungefähr hüftbreit sein. Die Knie sind minimal gebeugt.

> Halten Sie die Ellbogen eng am Körper und heben Sie die Hände mit einem Springseil neben dem Körper an. Die Hände sollten dabei maximal auf Hüfthöhe sein.

> Machen Sie kleine Sprünge auf der Stelle und bewegen Sie Arme und Seil dazu. Den Oberkörper aufrecht halten, den Blick nach vorn richten.

> Sie können die Übung ebenso gut ohne Springseil machen, der Trainingseffekt bleibt der Gleiche.

3 1 bis 2 Minuten
4 1 bis 2 Minuten
5 1 bis 2 Minuten

Side to side

4 › Kommen Sie in eine weite Grätsche. Die Knie sollten senkrecht über dem Mittelfuß stehen. Die Arme seitlich nach unten strecken.

› Dann das Gewicht nach links verlagern, das rechte Bein durchstrecken, mit dem rechten Fuß auf den Boden tippen und gleichzeitig die rechte Schulter nach hinten rollen.

› Das Gewicht nach rechts verlagern, die linke Schulter nach hinten rollen.

Heel Touch

5 › Stehen Sie gerade und nehmen Sie die Hände an die Hüften. Die Füße parallel halten und die Körperspannung aktivieren.

› Dann das Gewicht nach links verlagern, mit der rechten Ferse möglichst weit vor dem Körper auftippen.

› Den rechten Fuß wieder zum linken stellen, das Gewicht nach rechts verlagern und mit der linken Ferse nach vorn tippen.

DEHNEN IST GESCHMACKSSACHE

Das Andehnen der Muskulatur vor dem Training, das sogenannte Prestretching, ist nach neuesten wissenschaftlichen Erkenntnissen nicht geeignet, Verletzungen vorzubeugen. Andererseits spricht auch keine aktuelle Studie dagegen. Die meisten aktuellen Studien raten von einem allzu intensiven Stretching vor dem Training ab, da dies die Muskelspannung herabsetzen und die Trainingsleistung mindern könnte. Ein Aufwärmtraining der Muskulatur mit moderatem Prestretch dagegen wird von fast allen Experten empfohlen.

Wenn Sie sich also gut damit fühlen, können Sie nach dem Aufwärmen ein paar dynamische Prestretch-Übungen machen. Suchen Sie sich dazu zwei bis drei Übungen aus dem Dehnprogramm der jeweiligen Körperpartie (Seiten 68–69, 88–89 und 106–107) heraus und machen Sie etwa 20 Sekunden je Move leicht federnde, kontrollierte Bewegungen in die Position hinein. Das erhöht die Beweglichkeit und den Bewegungsumfang und fördert so den Ausgleich muskulärer Dysbalancen. Legen Sie los – und starten Sie Ihr individuelles Muskeltrainingsprogramm.

Flacher Bauch

Um die gesamte Muskulatur der Körpermitte intensiv zu trainieren, genügt ein simples Crunch-Workout nicht.
Die Bauchmuskulatur verläuft in drei übereinander angeordneten Schichten. Die tief liegende Bauchmuskulatur besteht aus *Musculus quadratus lumborum*, dem viereckigen Lendenmuskel, und *Musculus psoas maior*, dem Hüftbeuger. Sie liegt unter der mittleren und seitlichen Bauchmuskulatur, die auch als oberflächliche Bauchmuskulatur bezeichnet wird.

Die mittlere Bauchmuskulatur besteht aus dem *Musculus rectus abdominis*, der geraden Bauchmuskulatur, die für die Vorneigung des Rumpfes zuständig ist, und dem *Musculus pyramidalis*, dem Pyramidenmuskel. Die seitlichen Bauchmuskeln, die den Oberkörper drehen und neigen, bestehen aus drei Teilen: *Musculus obliquus internus abdominis* und *Musculus obliquus externus abdominis*, die Obliquen, sowie *Musculus transversus abdominis*, der Quermuskel. Diese Muskeln und der Beckenboden müssen gut trainiert sein, um den Rumpf aufrecht zu halten.

Auch die Rückenmuskulatur spielt beim Bauchtraining eine große Rolle, da beispielsweise der Quermuskel mit dem Rücken verbunden ist. Außerdem ist die Rückenmuskulatur für die Gegenbewegung der Bauchmuskeln verantwortlich, etwa für das Aufrichten des Rumpfes aus gebeugter Haltung. Eine besondere Rolle spielt hierbei der Rückenstrecker.

Damit alle Bauchmuskeln und auch der Rücken trainiert werden, finden Sie auf den folgenden Seiten eine Unterteilung der Übungen nach tief liegenden und oberflächlichen Muskelschichten sowie ein paar Übungen, die Rückentraining beinhalten. Wählen Sie bei jedem Bauch-Workout Bewegungen aus allen Gruppen aus. So bekommen Sie das beste Bauchgefühl, das Sie je hatten.

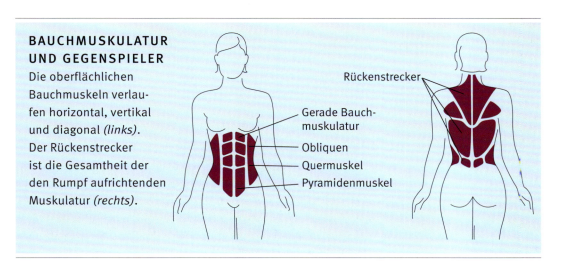

BAUCHMUSKULATUR UND GEGENSPIELER
Die oberflächlichen Bauchmuskeln verlaufen horizontal, vertikal und diagonal *(links)*. Der Rückenstrecker ist die Gesamtheit der den Rumpf aufrichtenden Muskulatur *(rechts)*.

Tief liegende Bauchmuskulatur

Mit den folgenden Übungen trainieren Sie die tief liegenden Schichten der Bauchmuskulatur, aber auch den Quermuskel, die schrägen Bauchmuskeln und teilweise den Beckenboden. Die gerade Bauchmuskulatur wird ebenfalls gefordert.

Taillencrunch

Kräftigt die seitliche Bauchmuskulatur, formt die Taille.

WICHTIG
Ziehen Sie den Kopf nicht mit der Hand nach oben. Ihre Hand dient nur zur Stabilisierung. Die Bewegung kommt allein aus der Taille.

› Legen Sie sich auf eine Matte oder ein großes Handtuch, drehen Sie sich auf die rechte Seite und winkeln Sie die Beine leicht an. Strecken Sie den linken Arm oberhalb des Körpers in Richtung der Beine. Nehmen Sie nun die rechte Hand an den Kopf, der rechte Ellbogen zeigt nach vorn.

› Wenn Sie Nackenprobleme haben, können Sie auch ein zusammengerolltes Handtuch zwischen Kopf und Arm nehmen.

Level 1

1 › Aktivieren Sie die gesamte Bauchmuskulatur und versuchen Sie, den Oberkörper aus der Kraft der seitlichen Bauchmuskeln heraus ein winziges Stück anzuheben. Die Beine bleiben dabei auf dem Boden liegen. Kurz halten, dann langsam wieder lösen, aber vor der nächsten Wiederholung nicht mehr vollständig ablegen.

GU-ERFOLGSTIPP   **JUMPS GEGEN BAUCHSPECK**

Neueste Studien zeigen: Mit abwechslungsreichem Sprungtraining trainieren Sie die Muskeln an Beinen, Po und Rumpf auf eine sehr spezielle Art und Weise. Die Jumps fördern die Explosivkraft und trainieren vor allem den Bauch, aber auch die Beine intensiv. Machen Sie beispielsweise beim Joggen einen kurzen Stopp und führen Sie fünf bis zehn Froschsprünge aus: In die Hocke gehen und dann einen möglichst hohen Sprung ausführen, dabei die Arme nach oben schwingen. Wichtig ist es, die Jumps schnell und kraftvoll durchzuführen.

Level 2

2 › Sie liegen wie bei Level 1, allerdings stützen Sie den linken Arm nun vor der Brust auf. Lassen Sie den Oberkörper auf dem Boden liegen, heben Sie das linke Bein an und nehmen Sie das rechte Bein dazu. Beide Beine ein kleines Stück anheben, dann wieder senken, aber nicht mehr ablegen.

Level 3

3 › Kombinieren Sie Level 1 und 2: Heben Sie gleichzeitig den Oberkörper und die Beine an. Mit dem linken Arm können Sie sich wieder abstützen. Langsam Oberkörper und Beine weiter anheben und dann wieder senken.

WICHTIG
Machen Sie immer so viele Wiederholungen wie angegeben. Wenn die Übung zu schwer ist, wechseln Sie in den niedrigeren Level.

1 | 12- bis 15-mal je Seite

2 | 12- bis 15-mal je Seite

3 | 12- bis 15-mal je Seite

1 | **2** 15- bis 20-mal

Legcrunch

Strafft die gerade und quer verlaufende Bauchmuskulatur.

TIPP
Stellen Sie sich vor, dass an Scheitel und Steißbein Fäden befestigt sind, die die Wirbelsäule in entgegengesetzte Richtungen ziehen wollen.

1
› Sie liegen auf dem Rücken, die Füße stehen flach auf dem Boden. Bauch und Beckenboden minimal anspannen und die Wirbelsäule in entgegengesetzte Richtung ziehen.

› Den Blick zur Decke richten, die Arme über dem Kopf auf dem Boden ausstrecken und die Hände so verschränken, dass Sie den Kopf auf den Oberarmen ablegen können.

› Anschließend die Beine anheben, bis die Knie senkrecht über den Hüftgelenken stehen und sich die Unterschenkel parallel zum Boden befinden.

GU-ERFOLGSTIPP   SAUBERE BEWEGUNGEN

Es ist besser, jede Übung, die Sie machen, ganz sauber und exakt auszuführen, als mehrere Moves unsauber zu absolvieren. Nur richtig ausgeführte Übungen können den gewünschten Effekt bringen. Dazu ist es wichtig, jeder Bewegung einen klar definierten Anfangs- und Endpunkt zu geben und sich innerhalb dieser Grenzen zu bewegen. Bei statischen Moves muss außerdem die Endkontraktion lange genug gehalten werden, um einen Trainingsreiz zu setzen.

Level 1

2 › Lassen Sie den Bauchnabel nach innen sinken und ziehen Sie ihn in Richtung der Rippen nach oben. Der Kopf liegt locker auf den Oberarmen, zwischen Kinn und Brust passt eine Faust. Beckenboden- und Bauchspannung erhöhen, bis sich Kopf und Schulterbereich vom Boden lösen.

› Die Spannung halten und die Beine nach oben ausstrecken. Die Fußsohlen parallel zur Decke halten. Die Oberkörperspannung verstärken und den Po aus der Kraft des Unterbauches anheben.

› Die Spannung im Unterbauch kurz halten, langsam lösen und den Po wieder ablegen. Der Oberkörper bleibt angehoben. Die nächste Wiederholung anschließen.

Level 2

3 › Heben Sie den Oberkörper an wie bei Level 1. Die Spannung im Bauch halten und die Beine nach oben ausstrecken. Die Zehenspitzen des rechten Fußes strecken und das rechte Bein langsam bis kurz über dem Boden absenken. Ebenso kontrolliert wieder anheben. Nach 15 bis 20 Wiederholungen die Seite wechseln.

Level 3

4 › Heben Sie den Oberkörper an wie bei Level 1 und strecken Sie beide Beine nach oben aus. Der Winkel zwischen Beinen und Oberkörper sollte 90 Grad oder etwas mehr betragen. Arbeiten Sie aus dieser Grundspannung heraus: Senken Sie beide Beine ganz langsam bis knapp über dem Boden ab, dabei einatmen. Beim Ausatmen die Beine ohne Schwung wieder anheben.

3 15- bis 20-mal je Seite

4 15- bis 20-mal

Balance-Wippe

Fordert die quer verlaufende und die gerade Bauchmuskulatur im oberen und unteren Bereich. Halten Sie die Endposition jeweils 20 bis 30 Sekunden.

1 › Setzen Sie sich hin und stellen Sie die Füße flach auf den Boden. Stellen Sie sich vor, Sie wären ein Baum: Ihre Krone, der höchste Punkt des Scheitels, will nach oben wachsen und zieht Sie in Richtung Himmel, während Ihre Wurzeln, die Füße, Sie fest im Boden verankern und das Steißbein schwer in den Boden sinkt.

› Richten Sie Ihre Wirbelsäule auf, aktivieren Sie Rücken-, Bauch- und Beckenbodenmuskeln. Die Arme sind leicht gebeugt, die Hände liegen entspannt in den Kniekehlen.

Level 1

2 › Halten Sie den Rücken unbedingt gerade, den Kopf in Verlängerung der Halswirbelsäule, und verlagern Sie das Gewicht vorsichtig nach hinten.

› Die Hände liegen immer noch locker in den Kniekehlen. Das Gewicht noch weiter nach hinten nehmen, bis sich die Füße vom Boden lösen. Atmen Sie gleichmäßig weiter, keinesfalls die Luft anhalten!

Level 2

3 › Machen Sie die Übung wie auf Level 1. Strecken Sie die Beine nun aus und achten Sie dabei darauf, den Rücken gestreckt zu halten. Strecken Sie die Fußspitzen ebenfalls aus. Position einige Sekunden lang halten, dabei gleichmäßig weiteratmen.

Level 3

4 › Fällt Ihnen die Position mit gestreckten Beinen einigermaßen leicht, versuchen Sie, die Hände von den Beinen zu lösen. Strecken Sie die Arme parallel zum Boden neben den Beinen aus, dabei weiterhin tief durchatmen. Die Endposition diesmal nur 10 bis 20 Sekunden halten, dann lösen.

SO WIRD'S LEICHTER

Sie können die Beine bei der Balance-Wippe oder beim Legcrunch nicht ausstrecken? Dann sollten Sie die Übungen unbedingt auf Level 1 absolvieren und zusätzlich zu den Bauchstretches die Beinstretches in Ihr Trainingsprogramm integrieren. Das macht den Beinbeuger wieder lang und geschmeidig – und Sie können bald schon die Beine auch bei den Bauchübungen problemlos ausstrecken.

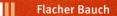 Flacher Bauch

1

2 3-mal

3 3-mal

4 3-mal

Oberflächliche Bauchmuskulatur

Hier trainieren Sie die gerade Bauchmuskulatur, die sich über alle anderen Bauchmuskelschichten von den Rippen bis zum Becken zieht. Mit den herkömmlichen Crunches wird nur der obere Anteil der Bauchmuskulatur gefordert. Die folgenden Übungen aber sind so konzipiert, dass auch der untere Anteil der Muskulatur beansprucht wird.

Basic Crunch

Trainiert die gerade Bauchmuskulatur.

> Legen Sie sich auf den Rücken. Stellen Sie die Füße leicht angezogen auf den Boden und öffnen Sie sie etwas mehr als hüftbreit. Bauen Sie eine Grundspannung in Bauch, Beckenboden und Rücken auf. Dabei die Wirbelsäule lang ziehen. Nehmen Sie die Hände an den Kopf und lassen Sie die Ellbogen nach außen kippen. Den Blick nach oben richten.

GRUNDSPANNUNG IM RUMPF AUFBAUEN
Ziehen Sie den Nabel Richtung Wirbelsäule, das Schambein nach oben zum Nabel und drücken Sie gleichzeitig den unteren Lendenwirbelbereich in den Boden.

Level 1

1 > Erhöhen Sie die Spannung im Bauch, bis sich Kopf und Schultern vom Boden heben. Den Bauchnabel dabei nach innen sinken lassen. Zwischen Kinn und Brust passt eine geballte Faust.

> Versuchen Sie, mit der Anspannung einzuatmen. Dann die Spannung wieder lösen, den Kopf aber nicht mehr ganz ablegen. So bewahren Sie die Grundspannung.

1 30- bis 40-mal

Level 2

2 › Nun vergrößern Sie den Hebel. Strecken Sie bereits in der Ausgangsposition die Arme über dem Kopf aus und verschränken Sie die Hände.

› Legen Sie dann den Kopf auf die Oberarme und erhöhen Sie die Bauchspannung wie zuvor beschrieben, bis sich Kopf und Schultern vom Boden heben. Die Spannung wieder etwas lösen, den Oberkörper aber nicht ganz ablegen.

Level 3

3 › Fordern Sie nun auch noch die untere Bauchmuskulatur. Strecken Sie die Arme aus wie auf Level 2 und heben Sie bereits in der Ausgangsposition die Beine an, bis die Unterschenkel parallel zum Boden sind und die Knie senkrecht über den Hüftgelenken stehen. Dann die Bauchspannung erhöhen, wieder absenken.

WICHTIG
Achten Sie darauf, dass Sie die Nackenmuskulatur nicht verkrampfen. Der Kopf liegt immer locker auf den Armen oder Händen.

2 30- bis 40-mal

3 30- bis 40-mal

Reverse Crunch

Stärkt den unteren Bereich der geraden Bauchmuskulatur.

1 › Legen Sie sich auf den Rücken. Die Hände hinter dem Kopf verschränken. Die Schultern entspannen, den Blick zur Decke richten und die Bauchmuskeln leicht aktivieren.

› Heben Sie dann die Beine nacheinander langsam an. Die Füße kreuzen, die Knie kippen leicht zu den Seiten und befinden sich auf Höhe des Nabels.

Level 1

2 › Lassen Sie den Oberkörper liegen und heben Sie langsam den Po wenige Zentimeter vom Boden weg. Die Knie bleiben leicht gebeugt. Das Gesäß absenken, aber nicht mehr vollständig ablegen. Die Bewegung langsam und fließend ausführen.

Level 2

3 › Bauen Sie in der Ausgangsposition im Bauch eine Grundspannung auf und heben Sie anschließend das Gesäß einige Zentimeter vom Boden.

› Nun die Knie abwechselnd nach rechts und links drehen, der Po bewegt sich mit. Den Oberkörper auf dem Boden liegen lassen, Arme und Schulterbereich bleiben entspannt.

1 | 2 15- bis 20-mal

Flacher Bauch

> **GU-ERFOLGSTIPP**   BECKENBODEN BEIM BAUCHTRAINING ENTLASTEN
>
> Bauchmuskeln und Beckenboden arbeiten eng zusammen. Der Beckenboden wird beim Bauchmuskeltraining also mittrainiert und häufig angespannt; das hat zur Folge, dass sich der Beckenboden nie richtig entspannen kann. Ein kleiner Trick: Klemmen Sie sich bei Bauchübungen, die mit geschlossenen Knien arbeiten, beispielsweise dem Basic Crunch (Seite 58) oder dem Reverse Crunch (Seite 60), einfach ein Handtuch zwischen die Knie und stellen Sie sicher, dass es bei der Übung nicht herunterfällt. Dadurch werden die Innenseiten der Oberschenkel angespannt und die Aktivität des Beckenbodens ausgeschaltet – und die Bauchmuskulatur muss die gesamte Arbeit alleine verrichten.

Level 3

4
- › Ausgangsposition. Die Hände sind am Kopf, die Ellbogen zeigen nach außen. Nun das Gesäß einige Zentimeter anheben, gleichzeitig die Bauchmuskulatur auch im oberen Bereich anspannen und den Oberkörper anheben.
- › Jetzt mit den Knien kleine Drehbewegungen nach rechts und links machen und den Oberkörper unter Spannung halten.

   WICHTIG: Während der Übung die Kreuzrichtung der Beine einige Male ändern, damit alle an dieser Übung beteiligten Muskeln gleich intensiv trainiert werden.

3 15- bis 20-mal   **4** 15- bis 20-mal

Diagonaler Crunch

Trainiert die gerade, seitliche und quer verlaufende Bauchmuskulatur.

TIPP
Ziehen Sie in der Rückenlage der Ausgangsposition die Wirbelsäule bewusst auseinander.

› Legen Sie sich auf den Rücken. Die Füße zunächst flach auf den Boden stellen. Den Bauchnabel nach innen sinken lassen und zu den Rippen hochziehen. Die Hände an den Kopf nehmen und die Ellbogen zu den Seiten sinken lassen. Bauch- und Beckenbodenmuskulatur aktivieren und die Beine anheben. Die Waden sind parallel zum Boden. Die Knie sollten sich senkrecht über den Hüftgelenken befinden. Die Füße locker hängen lassen.

Level 1

1 › Strecken Sie den rechten Arm nach rechts aus. Die Bauchspannung erhöhen, bis sich Kopf und Oberkörper vom Boden lösen. Die Spannung noch weiter verstärken und die linke Schulter langsam in Richtung rechtes Knie führen, dabei den linken Ellbogen locker nach links kippen lassen. Die Spannung wieder lösen, aber den Oberkörper nicht mehr vollständig ablegen.

Level 2

2 › Strecken Sie den rechten Arm nach rechts aus. Heben Sie den Oberkörper leicht an. Dann die linke Schulter zum rechten Knie führen, gleichzeitig das linke Bein diagonal nach oben strecken. Wieder lösen, das linke Bein anwinkeln, aber den Oberkörper nicht mehr vollständig ablegen.

1 30- bis 40-mal je Seite

Flacher Bauch

2 30- bis 40-mal je Seite

3 30- bis 40-mal je Seite

Level 3

3 › Strecken Sie den rechten Arm seitlich aus und legen Sie ihn ab. Den Oberkörper leicht anheben.

› Die linke Schulter zum rechten Knie führen und den linken Ellbogen locker nach außen kippen lassen. Gleichzeitig das linke Bein erst diagonal nach oben ausstrecken.

› Wenn der Oberkörper die maximal mögliche Anhebung erreicht hat, die Lendenwirbelsäule also noch vollständig auf dem Boden aufliegt, das linke Bein langsam bis kurz über dem Boden absenken.

› Nun das Bein langsam wieder anheben und anwinkeln, die Oberkörperspannung lösen, aber die linke Schulter nicht vollständig ablegen.

WICHTIG
Denken Sie immer daran: Bei der Anspannung ausatmen, bei der Entspannung einatmen!

Kombi-Moves Bauch und Rücken

Trainieren Sie nun die Powermuskeln der Bauchpartie und stärken sie den Rückenstrecker. Das erst macht einen flachen Bauch!

Gerader Bauchpush

Stärkt den Rückenstrecker und die Bauchmuskeln.

1 › Kommen Sie in den Vierfüßlerstand. Die Unterarme schulterbreit auf dem Boden ablegen. Die Ellbogen senkrecht unter den Schultern halten, die Schultermuskulatur aktivieren. Die Knie senkrecht unter den Hüftgelenken positionieren, den Kopf in Verlängerung der Wirbelsäule halten, den Blick nach unten richten und die Bauchmuskeln aktivieren, bis der Rücken gerade ist. Die Fußspitzen sind aufgestellt.

TIPP
Bei dieser Übung hilft Ganzkörperspannung. Spannen Sie dazu vor allem die Rumpfmuskulatur ganz bewusst an.

Level 1

2 › Stellen Sie die Fußspitzen hüftweit auf den Boden und strecken Sie die Beine nacheinander aus. Oberkörper und Beine sind auf einer Linie. Diese Position 30 bis 45 Sekunden halten. Die Knie auf den Boden setzen, 10 Sekunden Pause.

Level 2

3 › Arbeiten Sie aus der Position von Level 1. Schieben Sie jetzt den gesamten Körper nach vorn, indem Sie die Füße strecken. Stellen Sie sich vor, über Ihnen wäre eine Betondecke; Sie können nicht nach oben ausweichen.

› Die ganze Bewegung kommt allein aus dem Fußgelenk, die Haltung des Körpers bleibt dabei stabil. Anschließend den Körper wieder zurück in die Startposition bringen.

Level 3

4 › Machen Sie die gleiche Bewegung wie bei Level 2, heben Sie diesmal aber zusätzlich das rechte Bein nach oben an. Achten Sie darauf, die Hüften ruhig zu halten; die Zehenspitzen des angehobenen Fußes zeigen zum Boden.

› Arbeiten Sie bei der gesamten Übung ohne Schwung, nur aus der Kraft der Bein- und Gesäßmuskulatur heraus. Den rechten Fuß nun langsam wieder abstellen.

› Nochmals wiederholen, dabei das linke Bein anheben. So verstärken Sie die Intensität und trainieren auch noch die seitliche Muskulatur.

WICHTIG
Besonders bei Übungen mit Ganzkörperspannung: Vergessen Sie nicht ruhig und gleichmäßig zu atmen. Niemals die Luft anhalten!

3 20- bis 25-mal

4 20- bis 25-mal je Seite

Seitlicher Bauchpush

Stärkt die tiefen Bauchmuskeln, den Rückenstrecker und außerdem die Schultermuskulatur.

› Legen Sie sich mit leicht angewinkelten Beinen auf die rechte Seite. Stützen Sie sich auf den rechten Unterarm und drücken Sie sich aus dem Schultergelenk heraus nach oben.

› Mit der linken Hand können Sie sich in dieser Position stabilisieren. Den Kopf in Verlängerung der Wirbelsäule halten und die Bauchmuskeln aktivieren.

Level 1

1 › Aus dieser Position heraus nochmals die Bauchspannung verstärken und die Hüften langsam anheben, bis die Oberschenkel die Verlängerung des Oberkörpers darstellen. 15 bis 20 Sekunden halten, lösen.

Level 2

2 › Aktivieren Sie aus der Ausgangsposition heraus die Rücken- und Bauchmuskulatur. Die linke Hand an den Kopf legen. Heben Sie das Becken langsam an, bis Oberschenkel und Oberkörper auf einer Ebene sind. Die Position 20 Sekunden halten und dann langsam lösen.

Level 3

3 › Strecken Sie die Beine gerade aus und stützen Sie sich wieder auf dem Unterarm ab. Die linke Hand liegt ganz leicht am Hinterkopf an. Dann Schultern, Bauch und Rücken anspannen und die Hüften anheben, bis Beine und Oberkörper eine Linie bilden. 25 bis 30 Sekunden halten, dann langsam lösen.

GU-ERFOLGSTIPP

GUT FÜR DIE BANDSCHEIBEN

Wenn Sie die Bauchmuskeln alltagsgerecht, also funktionell, trainieren, können Sie Rücken und Bandscheiben extrem entlasten. Eine ganz besondere Unterstützung des Rückens bieten die Bauchmuskeln, beispielsweise beim Heben von Lasten. Durch tiefes Einatmen und Luftanhalten beim Anheben und die gleichzeitige Anspannung der Bauchmuskulatur erhöht sich der Druck in Brust- und Bauchhöhle. Das senkt den Druck auf die Bandscheiben um 30 bis 50 Prozent!

| | Flacher Bauch | 67 |

1 2-mal je Seite

2 2-mal je Seite

TIPP
Spannen Sie den Po fest an und ziehen Sie den Nabel Richtung Wirbelsäule. So wird der Rumpf stabilisiert.

3 2-mal je Seite

Stretching für eine schlanke Mitte

Jedes Workout bringt die Muskeln unter Spannung. Mit jeder Bewegung, jeder Anspannung wird der Muskel verkürzt, die Muskelfasern schieben sich übereinander. Allerdings kommen die Fasern von allein nicht wieder in die Ausgangsposition zurück; es bleibt eine Restspannung im Muskel. Um diese aufzulösen und die Muskulatur wieder lang und schlank zu dehnen, sollten Sie nach dem Workout Stretching machen.

Softstretch

1 › Legen Sie sich auf den Rücken. Strecken Sie die Beine und die Arme aus und dehnen Sie sich lang. Dehnung halten und dann langsam wieder lösen.

Twiststretch

2 › Nehmen Sie die Rückenlage ein. Die Füße flach auf den Boden stellen, die Knie geschlossen halten. Die Arme weit seitlich ausstrecken, Schultern, Arme und Handrücken liegen flach auf dem Boden.

› Lassen Sie die Knie langsam nach links kippen und drehen Sie dann den Kopf vorsichtig nach rechts. Versuchen Sie, beide Schultern weiterhin auf dem Boden zu halten. Die Dehnung langsam lösen und die Übung zur anderen Seite wiederholen.

1 30 Sekunden | **2** 30 Sekunden je Seite

3 | 30 Sekunden

Flacher Bauch 69

4 | 30 Sekunden

5 | 30 Sekunden je Seite

Liftstretch

3 › Legen Sie sich auf den Bauch. Die Hände neben dem Körper aufstellen, die Fingerspitzen zeigen nach vorn.

› Die Rückenmuskeln anspannen, den Oberkörper anheben, die Bewegung mit dem Druck der Hände verstärken. Den Kopf leicht in den Nacken nehmen, dabei die Arme gebeugt lassen. Langsam lösen.

Backstretch

4 › Knien Sie sich hin, stellen Sie die Fußspitzen auf und berühren Sie die Fersen mit Ihren Händen. Die Fingerspitzen dabei an die Fußsohlen legen, das Becken langsam und kontrolliert nach vorn schieben.

› Legen Sie gleichzeitig den Kopf in den Nacken und öffnen Sie dabei leicht den Mund. Langsam lösen.

Seitstretch

5 › Stellen Sie sich aufrecht hin, kreuzen Sie dann das rechte vor dem linken Bein. Den Bauch leicht anspannen, die Hände verschränken und die Arme nach oben ausstrecken. Die Hüften stabilisieren und den Oberkörper langsam nach links kippen lassen, bis ein angenehmer Zug in der rechten Seite zu spüren ist. Lösen und zur anderen Seite wiederholen.

Straffe Beine

Mit den folgenden Übungen bringen Sie die sogenannten Reiterhosen garantiert zum Schmelzen. Oberschenkelmuskeln arbeiten im Team: Vorn sind es vier, hinten zwei Muskelstränge, die zusammengehören. Die hintere Oberschenkelmuskulatur verläuft in zwei Muskelsträngen vom Sitzbeinhöcker und dem Oberschenkelknochen nach unten und setzt gemeinsam am Kopf des Wadenbeins unterhalb des Kniegelenks an. Ein Teil davon ist für das Anziehen des Unterschenkels und für die Auswärtsdrehung des

Oberschenkels zuständig, der andere für die Auswärtsdrehung der Hüften. Der hintere Oberschenkel kann das Kniegelenk beugen und den Unterschenkel im gebeugten Zustand nach außen drehen. Unterstützt wird die Auswärtsdrehung von der Gesäßmuskulatur. Beim Anziehen des Unterschenkels hilft außerdem der Muskel des Innenschenkels. Für die Streckbewegungen ist der Muskel des vorderen Oberschenkels zuständig. Drei seiner vier Muskelstränge entspringen am Oberschenkelknochen und strecken das Knie. Nur ein Teil ist am Becken angewachsen und so in der Lage, das Hüftgelenk zu beugen. Zusammen mit der Gesäßmuskulatur ist der vordere Oberschenkelmuskel auch für die Drehbewegungen des Beins in alle Richtungen zuständig.

Die Wadenmuskulatur entspringt am Kniegelenk und zieht sich bis zur Ferse hinunter. Zusammen mit der vorderen Schienbeinmuskulatur ist sie für das Anziehen und Strecken des Fußes verantwortlich. Damit das Bein angehoben werden kann, gibt es den Hüftbeuger – ebenfalls im Doppelpack. Ein Muskelteil verbindet Beckeninnenseite und Oberschenkelinnenseite und arbeitet eng vernetzt mit der Bauchmuskulatur zusammen. Der andere Teil ist für die Beugung der Hüfte und das Anheben des Knies zuständig. Er verläuft von der Beckenvorderseite bis zum Oberschenkel.

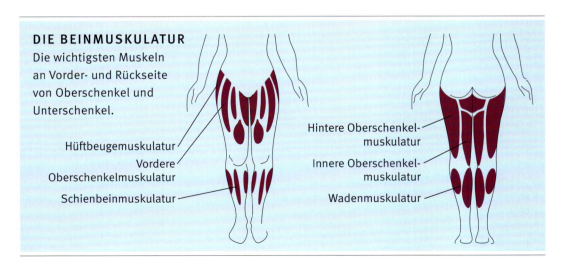

DIE BEINMUSKULATUR
Die wichtigsten Muskeln an Vorder- und Rückseite von Oberschenkel und Unterschenkel.

- Hüftbeugemuskulatur
- Vordere Oberschenkelmuskulatur
- Schienbeinmuskulatur
- Hintere Oberschenkelmuskulatur
- Innere Oberschenkelmuskulatur
- Wadenmuskulatur

Powerschritt

Für die Oberschenkel und den Po.

1 › Stehen Sie aufrecht. Nehmen Sie die Hände an die Hüften und halten Sie den Kopf in Verlängerung der Halswirbelsäule. Die Wirbelsäule auseinanderziehen, den Rücken aufrichten. Bauch- und Rückenspannung aufbauen und mit dem rechten Bein einen großen Ausfallschritt nach vorn machen.

› Achten Sie darauf, dass Sie den Oberkörper gerade halten und der Körperschwerpunkt in der Mitte liegt.

› Die linke Ferse vom Boden lösen, das linke Bein leicht beugen. Auch das vordere Knie ist minimal gebeugt. Die Zehenspitzen beider Füße zeigen nach vorn.

Level 1

2 › Beugen Sie das rechte Knie stärker, lassen Sie das Körpergewicht sinken, aber verlagern Sie es nicht. Das rechte Knie sollte senkrecht über dem Mittelfuß stehen. Den Oberkörper weiterhin aufrecht halten. Bein- und Pospannung erhöhen, den Oberkörper langsam wieder nach oben drücken.

Level 2

3 › Führen Sie die Übung durch wie auf Level 1, stellen Sie aber zur Intensivierung der Übung eine kleine Bank oder einen Step unter den vorderen Fuß. Rechtes Knie nur so weit beugen, bis Ober- und Unterschenkel einen 90-Grad-Winkel bilden.

Level 3

4 › Noch mehr Intensität erreichen Sie durch den Einsatz von Gewichten: Stellen Sie eine kleine Bank oder einen Step unter den vorderen Fuß wie bei Level 2, nehmen Sie diesmal Hanteln in die Hände und lassen Sie diese während der gesamten Übung locker herunterhängen.

ZUWACHS FÜR DIE MUCKIS

Die richtige Wahl des Levels entscheidet über den Erfolg Ihres Trainings. Nur wenn Sie die Muskulatur bis zur Ermüdung trainieren, setzen Sie einen Trainingsreiz, auf den der Körper mit Muskelzuwachs reagiert. Doch erst auf Level 3, wenn Sie alle Übungen mit der angegebenen Wiederholungszahl schaffen, sollten Sie die Anzahl zusätzlich erhöhen.

Straffe Beine 73

1

2 20- bis 25-mal je Seite

3 20- bis 25-mal je Seite

4 20- bis 25-mal je Seite

Beinpush

Strafft und formt die Außenseiten der Oberschenkel.

> Legen Sie sich auf die rechte Seite. Die Knie nach vorn ziehen, bis der Winkel zwischen Oberschenkeln und Rumpf sowie der Winkel zwischen Oberschenkeln und Waden 90 Grad beträgt.

> Mit der rechten Hand den Kopf abstützen, die linke Hand vor dem Körper locker aufstellen. Bauch- und Rückenmuskulatur leicht anspannen und den Rücken gerade halten.

Level 1

1 > Spannen Sie die Muskulatur des linken Oberschenkels leicht an. Heben Sie aus der Kraft des Außenschenkels das linke Bein ein kleines Stück vom rechten Bein weg. Achten Sie darauf, den Winkel von Ober- zu Unterschenkel dabei nicht zu verändern!

> Die linke Fußspitze zeigt nach vorn. Den Oberkörper stabilisieren, die Spannung im linken Außenschenkelbereich verstärken und das linke Bein anheben ohne die Hüfte zu kippen.

Level 2

2 > Heben Sie das linke Bein ein kleines Stück an wie auf Level 1. Dann das Bein ausstrecken, bis Oberkörper und Bein eine Linie bilden. Stellen Sie sich vor, Ihr Körper wäre zwischen zwei Wänden eingeklemmt; Schultern, Hüfte und Fußgelenk befinden sich auf einer Linie.

> Die linke Fußspitze zeigt während der gesamten Übung nach vorn. Langsam das linke Bein so weit anheben, wie es ohne Hüftkippung möglich ist. Langsam wieder absenken.

Level 3

3 > Heben Sie das linke Bein etwas an. Dann das Bein nach vorn ausstrecken, Fußspitzen anziehen. Heben Sie das Bein kontrolliert an, so weit es ohne Hüftbewegung möglich ist. Langsam wieder senken.

ZUERST KRAFT- ODER CARDIOTRAINING?

Wenn Sie Kraft und Ausdauer trainieren möchten, sollten Sie mit dem Krafttraining beginnen. Der Vorteil: Bei der Kräftigung steigt der Puls schon mal an, Ihr Stoffwechsel kommt in Schwung. So verkürzt sich beim Cardiotraining die Phase bis Ihr Fettverbrennungsmotor anläuft.

Straffe Beine

1 25- bis 30-mal je Seite

2 25- bis 30-mal je Seite

3 25- bis 30-mal je Seite

Wadenlift

Kräftigt die Wadenmuskulatur.

TIPP
Den Wadenlift können Sie auch auf einer Treppenstufe machen.

› Stellen Sie sich eine niedrige Bank oder einen Step bereit. Stellen Sie sich zunächst auf den Step. Körperspannung aufbauen, den Kopf gerade halten und die Bauch- und Rückenmuskulatur leicht anspannen. Die Arme locker neben dem Körper hängen lassen.

› Stellen Sie sich so auf die Stufe, dass nur Fußballen und Zehen aufliegen. Die Füße etwa eine Fußbreite auseinander. Die Knie leicht beugen und den Körper ausbalancieren.

Level 1

1 › Die Fersen nun bewusst nach unten sinken lassen, die Arme vor den Körper halten. Dann kontrolliert aus den Waden heraus den Körper nach oben drücken, bis Sie auf den Fußspitzen stehen. Anschließend langsam wieder sinken lassen.

1 20- bis 25-mal

2 20- bis 25-mal je Seite

Level 2

2 › Verlagern Sie das Gewicht auf das rechte Bein. Den linken Fuß zum Ausbalancieren ganz auf den Step stellen. Versuchen Sie dann, das Gewicht nochmals bewusst auf das rechte Bein zu verlagern, indem Sie die linke Ferse anheben.

› Das gesamte Körpergewicht ruht nun auf dem rechten Bein. Drücken Sie sich aus der rechten Wade heraus langsam nach oben. Wieder absenken.

Level 3

3 › Machen Sie die Übung wie auf Level 2, nehmen Sie nun aber Gewichte zu Hilfe. Die Hanteln in die Hände nehmen und die Arme locker hängen lassen.

› Wieder das Gewicht auf den rechten Fuß verlagern, die linke Ferse anheben und die rechte Ferse absenken. Langsam hochdrücken. Erneut absenken und wiederholen.

3 20- bis 25-mal je Seite

MACHEN WADENLIFTS DICKE UNTERSCHENKEL?

Wenn Sie die angegebene Anzahl an Wiederholungen machen, formen Sie die Beine, ohre kräftige Waden zu entwickeln. Übermäßig stramme Waden bekommen Sie nur, wenn Sie die Bewegung isoliert und zu oft trainieren. Kräftigen Sie die Waden dagegen ein- bis zweimal wöchentlich mit dem Wadenlift, brauchen Sie keine Sorge zu haben. Voraussetzung ist die korrekte Ausführung der Übung. Durch das Absenken der Ferse dehnen Sie die Waden bei jeder Wiederholung; wippen Sie dagegen, ohne den vollen Bewegungsumfang zu nutzen, pumpen Sie die Waden regelrecht auf.

| 1 25- bis 30-mal je Seite | 2 25- bis 30-mal je Seite | 3 25- bis 30-mal je Seite |

Schenkelcrunch

Strafft und formt die Innenseiten der Oberschenkel.

› Stellen Sie sich aufrecht hin. Richten Sie den Rücken auf. Den Kopf in Verlängerung der Wirbelsäule halten, die Bauchmuskeln leicht anspannen, den Nabel nach innen und oben ziehen. Die Arme neben dem Körper ausstrecken.

Level 1

1 › Verlagern Sie das Gewicht auf das linke Bein. Die Knie minimal gebeugt halten. Das rechte Bein nach vorn ausstrecken, das Knie dabei durchdrücken. Die Zehenspitzen nach rechts kippen lassen und heranziehen, die rechte Ferse zeigt zum Boden.

› Stellen Sie sich vor, Sie würden mit dem Fuß in Zeitlupe einen Ball wegkicken, und heben Sie das rechte Bein langsam diagonal nach links oben an, so weit es geht. Kurz halten und dann wieder lösen.

Level 2

2 › Verwenden Sie zur Steigerung der Intensität ein Theraband. Binden Sie es so zusammen, dass ein Ring entsteht. Steigen Sie in das Band hinein und befestigen Sie es so zwischen den Fußgelenken, dass es leicht unter Spannung steht.

› Das Körpergewicht auf das linke Bein verlagern, die Knie minimal gebeugt halten. Das rechte Bein nach vorn ausstrecken und aus dem Hüftgelenk heraus nach rechts drehen. Die rechte Fußspitze anziehen und nach rechts kippen lassen. Ziehen Sie jetzt mit der rechten Fußinnenkante gegen den Widerstand des Tubes diagonal nach links oben. Langsam wieder lösen.

Level 3

3 › Um auch die stabilisierenden Muskeln des Rumpfes zu fordern und den Innenschenkel intensiver zu trainieren, stellen Sie sich nun auf Ihre zusammengerollte Gymnastikmatte. Legen Sie wieder das Band um die Fußgelenke und führen Sie die Übung wie bei Level 2 beschrieben durch.

› Achten Sie bei dieser Übung besonders darauf, den Rücken aufrecht und die Hüfte stabil zu halten. Versuchen Sie unbedingt, nicht zu sehr zu wackeln. Balancieren Sie ein Ungleichgewicht mit den Armen aus.

GU-ERFOLGSTIPP   FÜLLIG TROTZ DIÄT?

Sie machen eine Diät nach der anderen – und trotzdem nehmen Sie nicht ab? Das ist eigentlich kein Wunder, denn der Körper reagiert auf eine Diät wie auf eine Hungersnot: Wenn Sie wenig essen, gibt er kaum noch Energie her, denn er will sparen. Beenden Sie die Diät, bunkert der Körper für die nächste Notzeit. Sie sitzen in der Jo-Jo-Falle. Da kommen Sie nur wieder raus, wenn Sie Ihre Ernährung umstellen. Wichtig ist außerdem für alle, die zum starken Abnehmen am Oberkörper neigen: Trainieren Sie nicht nur die Problemzonen, sondern unbedingt auch den Oberkörper. Muskeln können die Proportionen optimal ausgleichen und verbrauchen noch dazu mehr Energie als Fettgewebe.

Seitenlift

Trainiert die Außenseiten der Oberschenkel, strafft die Hüften.

› Stellen Sie sich gerade hin. Stützen Sie sich mit der linken Hand an einer Wand oder Tür ab. Die rechte Hand an der Hüfte abstützen. Den Scheitelpunkt Richtung Himmel, das Steißbein Richtung Boden ziehen. Den Kopf während der gesamten Übung in Verlängerung der Wirbelsäule halten.

1 20- bis 25-mal je Seite **2** 20- bis 25-mal je Seite **3** 20- bis 25-mal je Seite

Level 1

1 › Verlagern Sie das Gewicht auf das linke Bein. Den rechten Fuß anheben, dabei die Zehenspitzen anziehen. Dann das rechte Bein langsam seitlich abspreizen und anheben, so weit es ohne Aufdrehen der Hüfte möglich ist.

› Wenn der Maximalpunkt erreicht ist, kurz halten und das Bein langsam und kontrolliert wieder absenken, aber nicht mehr auf dem Boden abstellen.

Level 2

2 › Verwenden Sie zur Steigerung der Intensität ein Tube oder ein Theraband. Binden Sie es zu einem Ring zusammen und legen Sie den Ring um die Fußgelenke. Aufrichten, den Rücken gerade halten und das Gewicht nach links verlagern.

› Den rechten Fuß anheben, die Zehenspitzen anziehen und das Bein langsam seitlich anheben. Achten Sie darauf, dass die Hüften stabil bleiben.

› Den Maximalpunkt der Bewegung kurz halten und das Bein wieder absenken, aber nicht mehr abstellen. Die nächste Wiederholung anschließen.

Level 3

3 › Um die Tiefenmuskulatur zu fordern und die Übung zu intensivieren, können Sie Ihre zusammengerollte Gymnastikmatte unter den linken Fuß legen. Nachdem Sie den Tube-Ring beziehungsweise das Theraband um die Fußgelenke gelegt haben, stellen Sie sich mit dem rechten Fuß auf die Matte.

› Gerade stehen, Körperspannung aufbauen, den linken Fuß anheben und die Zehenspitzen anziehen. Wenn Sie das Gleichgewicht gefunden haben, das Bein weiter anheben, ohne die Hüfte zu verdrehen. Kurz halten, wieder lösen, nicht vollständig abstellen. Die nächste Wiederholung anschließen.

MIT KÖRPER-SPANNUNG ARBEITEN
Auch bei dieser Übung ist es wichtig, dass Sie die gesamte Rumpfmuskulatur aktiv anspannen.

Schenkelheber

Formt den hinteren Oberschenkel und die Gesäßmuskulatur.

1 › Stellen Sie sich mit dem Rücken an eine Wand, lassen Sie die Arme locker hängen und richten Sie die Wirbelsäule flach an der Wand entlang auf.

› Den Kopf an die Wand lehnen und dann einen Schritt nach vorn machen. Der Oberkörper rutscht dabei an der Wand ein Stück nach unten.

Level 1

2 › Bauen Sie Spannung im Oberkörper auf und beugen Sie die Knie, bis die Oberschenkel parallel zum Boden sind. Die Knie stehen jetzt senkrecht über den Fußgelenken. Diese Position 30 Sekunden lang halten, dann langsam lösen.

Level 2

3 › Spannen Sie den Oberkörper an und beugen Sie die Knie, bis die Oberschenkel parallel zum Boden sind. Das Gewicht langsam auf das rechte Bein verlagern und das linke Knie ein kleines Stück anheben.

› Die Position 20 Sekunden lang halten, dann das linke Bein wieder abstellen und nach oben drücken.

Level 3

4 › Senken Sie den Oberkörper ab, bis die Oberschenkel parallel zum Boden sind. Das Gewicht nach rechts verlagern und das linke Knie anheben.

› Das Bein nach vorn ausstrecken und die Zehenspitzen anziehen. Das Bein anheben, bis beide Oberschenkel parallel sind. 20 Sekunden lang halten.

INTENSITÄT STEIGERN

Wenn Sie schon auf Level 3 trainieren und die Intensität steigern wollen, können Sie eine Gewichtsmanschette um das arbeitende Fußgelenk legen.

Straffe Beine 83

1

2-mal

3 2-mal je Seite

4 2-mal je Seite

Backkick

Strafft die hinteren Oberschenkel, trainiert auch den Po.

1 › Öffnen Sie die Beine deutlich mehr als schulterbreit zum Squad. Die Knie anschließend leicht leicht beugen, sodass sie senkrecht über den Fußgelenken stehen. Fußspitzen und Knie zeigen diagonal nach außen.

› Den Rücken aufrichten, den Kopf in Verlängerung der Wirbelsäule halten. Die Schulterblätter nach hinten und unten setzen, die Hände an den Hüften abstützen.

Level 1

2 › Verlagern Sie Ihr Gewicht nun auf das rechte Bein und ziehen Sie die linke Ferse Richtung Gesäß, dabei den Oberkörper aufgerichtet ganz leicht nach vorn kippen lassen und das rechte Knie stabil halten. Den linken Oberschenkel fixieren, der Abstand zwischen den Knien bleibt dabei nahezu unverändert.

› Danach wieder lösen, mit der linken Fußspitze auf den Boden tippen und die nächste Wiederholung anschließen. Führen Sie die Übung auf jeden Fall nicht zu langsam aus, sondern relativ zügig.

BREITER SQUAD
So kontrollieren Sie die Position: Lassen Sie Ihre Arme hängen und denken Sie sich eine senkrechte Verlängerung bis zum Boden. Ihre Füße sollten ein gutes Stück rechts und links davon stehen.

1

2 35- bis 40-mal je Seite

Level 2

3
- Knoten Sie ein Theraband so zusammen, dass ein Ring entsteht. Schlingen Sie den Ring um die Fußgelenke und kommen Sie wie in der Ausgangsposition in eine weite Grätsche.
- Die Hände seitlich an der Taille abstützen und das Gewicht auf das rechte Bein verlagern. Das linke Knie beugen und die Ferse Richtung Po ziehen, der Oberschenkel bewegt sich nicht.
- Halten Sie den Abstand zwischen beiden Knien während der gesamten Übung gleich groß. Die Knie wieder strecken, mit der linken Fußspitze auf den Boden tippen, die nächste Wiederholung anschließen.

Level 3

4
- Stellen Sie sich mit dem rechten Fuß auf Ihre zusammengerollte Gymnastikmatte. Das trainiert zusätzlich die stabilisierende Rumpfmuskulatur.
- Die Beine mit dem Tube um die Knöchel weit grätschen. Die Hände an den Hüften abstützen, den Rücken strecken und die Bauchmuskeln anspannen. Das Gewicht nach rechts verlagern, den Oberkörper leicht nach vorn kippen und die linke Ferse zum Gesäß ziehen. Den Oberschenkel ruhig halten. Das linke Knie wieder strecken, kurz mit dem Fuß auf den Boden tippen.

MUSKELSPIELE

Statt der zusammengerollten Gymnastikmatte können Sie auch ein Balance-Pad verwenden. Wenn Sie die Übung auf Socken oder barfuß machen, wird es noch etwas kippliger und Sie trainieren zusätzlich die Fuß- und die Haltemuskulatur.

3 35- bis 40-mal je Seite

4 35- bis 40-mal je Seite

Beinpower

Formt die vorderen Oberschenkel, kräftigt den Hüftbeuger.

1 › Stehen Sie aufrecht und mit geschlossen Füßen. Leichte Spannung in Bauch, Rücken und Beckenboden aufbauen und die Wirbelsäule bewusst aufrichten. Die Arme seitlich neben dem Körper ausstrecken. Spreizen Sie die Zehen und verteilen Sie das Gewicht auf drei Punkte des Fußes: das Großzehengrundgelenk, das Kleinzehengrundgelenk und die Ferse.

› Verlagern Sie dann das Gewicht auf das linke Bein, das ganz leicht gebeugt ist. Das rechte Knie anziehen und den rechten Fuß auf Höhe des linken Knies halten. Die Hüften bleiben parallel nebeneinander.

Level 1

2 › Bauen Sie Bauchspannung auf. Strecken Sie aus der Grundstellung heraus das rechte Bein langsam nach vorn aus, ohne den linken Oberschenkel abzusenken oder anzuheben. Die Zehenspitzen anziehen und die Hüfte stabil halten. Der Rücken ist gerade. Das Bein langsam wieder anwinkeln.

Level 2

3 › Strecken Sie das rechte Bein nach vorne aus. Heben Sie es dann noch ein kleines Stück an, ohne die Hüfte zu kippen. Das Bein langsam wieder absenken, aber nicht mehr anwinkeln.

Level 3

4 › Strecken Sie das rechte Bein erneut aus und beugen Sie das linke Knie (es sollte nicht über den Mittelfuß hinausgehen). Das rechte Bein ein kleines Stück weiter anheben. Den Rücken gerade halten und bei der Tiefbewegung ein winziges Stück aus der Hüfte heraus nach vorn neigen.

WICHTIG
Führen Sie die Moves immer ganz bewusst und kontrolliert aus. Wer auf dem Höhepunkt der Belastung die Muskulatur einfach locker lässt, trainiert uneffektiv und schadet seinen Gelenken. Nur geführte Bewegungen sind gesund!

Straffe Beine 87

1

2 15- bis 20-mal pro Seite

3 15- bis 20-mal pro Seite

4 15- bis 20-mal pro Seite

Stretching für schlanke Beine
Dehnübungen sind genauso wichtig wie das Training selbst.

Lange Beine

Dehnt die Kniesehne, die Waden und die Rückseiten der Oberschenkel.

1 › Setzen Sie sich auf den Boden. Richten Sie den Rücken auf und strecken Sie die Beine nach vorn aus. Zehenspitzen anziehen, Beine geschlossen halten. Mit geradem Rücken den Oberkörper so weit wie möglich aus der Hüfte heraus nach vorn neigen.

Geschmeidige Hüften

Dehnt die Hüftbeugemuskulatur und die vorderen Oberschenkel.

2 › Machen Sie einen großen Ausfallschritt. Die Hände neben dem vorderen Fuß aufsetzen, das Knie ist über dem Fußgelenk. Das rechte Bein durchstrecken und die Hüften Richtung Boden drücken. Dehnung halten, dann zur anderen Seite wechseln.

Schöne Schenkel

Dehnt die vordere Oberschenkelmuskulatur und den Hüftbeuger.

3 › Auf dem Bauch liegend, die linke Hand unter der Stirn, fassen Sie mit der rechten Hand das Fußgelenk und ziehen es zum Po. Die rechte Hüfte gegen den Boden drücken, bis eine Dehnung im vorderen Oberschenkel zu spüren ist. Dann die Seite wechseln.

Straffe Innenschenkel

Dehnt die Innenschenkel und die Hüften.

4 › Sie sitzen aufrecht, der Rücken ist gerade. Die Fußsohlen aneinanderlegen, die Knie nach außen kippen lassen. Fassen Sie die Fußgelenke und ziehen Sie die Fersen an den Körper heran.

GENUSSVOLL DEHNEN
Die Dehnübungen werden 30 bis 60 Sekunden lang gehalten. Atmen Sie dabei bewusst langsam ein und aus. Beim Ausatmen verstärken Sie die Dehnung.

Straffe Beine

1 30 bis 60 Sekunden

2 30 bis 60 Sekunden je Seite

3 30 bis 60 Sekunden je Seite

4 30 bis 60 Sekunden

Knackiger Po

Eine straffe, trainierte Kehrseite ist ein echter Blickfang. Leider sieht das Gesäß im untrainierten Zustand meist alles andere als knackig aus. Das können Sie mit dem folgenden Programm ändern! Gegen einen flachen Po hilft ein regelmäßiges formendes Workout für das hauptsächlich in Erscheinung tretende Muskeltrio, das aus dem großen, mittleren und kleinen Gesäßmuskel besteht. Der größte Part dieser Muskulatur, *Musculus glutaeus maximus*, hat einen breit verlaufenden Ursprung vom Kreuzbein bis zur Beckenschaufel und zieht sich hinüber zum Oberschenkel, mit dem er ebenfalls flächig verbunden ist. Der mittlere Anteil der Gesäßmuskulatur, *Musculus glutaeus medius*, zieht sich ein wenig seitlicher vom Beckenkamm zum Oberschenkel hinunter. Er steht in direktem Kontakt mit dem Beckenboden. Nach außen ist dieser Muskel seitlich hinten sichtbar. Der kleine Gesäßmuskel, *Musculus glutaeus minimus*, versteckt sich unter den anderen beiden Muskeln und steht ebenfalls in Kontakt mit dem Beckenboden. Ist er gut trainiert, kann das den großen Pomuskel liften und ihm eine füllige Form verleihen.

Weg mit dem Hüftspeck

Kennen Sie den lästigen Hüftspeck, der sich gerne links und rechts knapp oberhalb des Gesäßes ansammelt und über die Hüfthosen ragt? Den können Sie loswerden: Kombinieren Sie einfach Ausdauertraining mit dem folgenden Poprogramm – und die überflüssigen Röllchen verschwinden auf Nimmerwiedersehen. Wichtig ist dabei die aktivierte Beckenbodenmuskulatur; mit ihrer Hilfe können Sie unschönen Dellen an Po und Beinen effektiver entgegenwirken, der Bauch erscheint flacher. Das liegt daran, dass der Beckenboden gewissermaßen wie ein Lifting von innen wirkt. Im trainierten Zustand zieht er den Bauch nach innen und kann auch Gesäß und Oberschenkel deutlich straffer aussehen lassen.

Beziehen Sie den Beckenboden daher immer bewusst in Ihre Übungen ein. Trainieren Sie gegen die Speckröllchen an Taille und Hüften stets auch die seitliche und die tief liegende Bauchmuskulatur (ab Seite 52). Das ist eine ideale Ergänzung zum Po-Workout.

Und noch ein Tipp: Lassen Sie alle Rolltreppen links liegen und laufen Sie die Treppe zu Fuß hinauf!

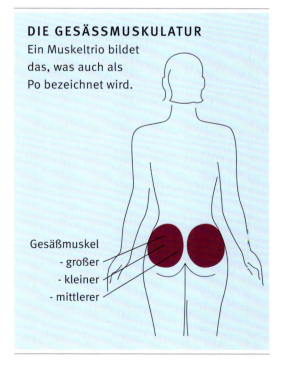

DIE GESÄSSMUSKULATUR
Ein Muskeltrio bildet das, was auch als Po bezeichnet wird.

Gesäßmuskel
- großer
- kleiner
- mittlerer

Hiplift

Kräftigt das Gesäß sowie die hinteren Oberschenkel.

1 › Legen Sie sich auf den Rücken und stellen Sie die Füße flach auf den Boden. Die Füße anziehen, bis sich die Fersen unterhalb der Knie befinden. Den Beckenboden aktivieren. Die Arme neben dem Körper ablegen, den Blick nach oben richten und tief einatmen.

Level 1

2 › Beim Ausatmen den Po anspannen, die Oberschenkel und den Bauch aktivieren und das Becken anheber, bis Oberkörper und Oberschenkel eine Linie bilden. Die Schultern bleiben auf dem Boden liegen.

› Den Bauchnabel nach innen sinken lassen, die Arme bleiben entspannt auf dem Boden. Der Winkel zwischen Ober- und Unterschenkeln sollte oben etwa 45 Grad betragen.

Level 2

3 › Legen Sie das linke Fußgelenk auf dem rechten Knie ab und lassen das linke Knie zur Seite kippen. Beide Hüften auf gleicher Höhe halten.

› Den Po anspannen und die Hüften nach oben drücken, bis Oberkörper und rechter Oberschenkel eine Linie bilden. Langsam wieder absenken, jedoch nicht mehr ablegen und die nächste Wiederholung anschließen.

Level 3

4 › Halten Sie Füße und Knie geschlossen. Den Po anspannen, die Oberschenkel und den Bauch aktivieren und das Becken anheben, bis Oberschenkel und Oberkörper eine Linie bilden.

› Dann das Gewicht nach rechts verlagern und das linke Bein nach vorn ausstrecken. Das Bein gestreckt halten und das Becken wieder absenken, aber nicht mehr ablegen. Die nächste Wiederholung anschließen.

LIFTING VON INNEN

Ein gut trainierter Beckenboden wirkt wie ein Push-up für den Allerwertesten. Ziehen Sie also bei Übungen mit Rumpfspannung den Bauchnabel in Richtung der Wirbelsäule und das Schambein nach oben.

Knackiger Po 93

1

2 25- bis 30-mal

3 25- bis 30-mal je Seite

4 25- bis 30-mal je Seite

Kneelift

Strafft den gesamten Po, trainiert die Oberschenkel.

1 › Stellen Sie sich aufrecht hin. Rückenspannung aktivieren und auch Bauch und Beckenboden leicht anspannen. Mit dem rechten Bein einen großen Ausfallschritt nach vorn machen. Das rechte Knie steht senkrecht über dem Mittelfuß.

› Die linke Ferse anheben, das Gewicht auf den rechten Fuß verlagern, die Zehen spreizen und den Stand stabilisieren. Den Oberkörper nach vorn neigen, den rechten Oberschenkel anspannen.

› Den Kopf in Verlängerung der Wirbelsäule halten, die Arme anheben und neben den Ohren nach vorn, oben ausstrecken. Auf dem linken Fuß lasten nur noch 15 Prozent des Körpergewichts.

Level 1

2 › Verlagern Sie das Gewicht noch stärker auf das rechte Bein. Mit dem linken Fußballen vom Boden abdrücken, das Bein schnell zum rechten heranziehen, den Oberkörper stabil halten, kein Gewicht nach links geben und die Arme mit Power zum Körper ziehen. Das linke Bein wieder nach hinten führen.

Level 2

3 › Verlagern Sie das Gewicht stärker nach rechts, drücken Sie sich mit dem linken Fußballen vom Boden ab, ziehen Sie das Knie zum Oberkörper heran, ohne es abzustellen, und ziehen Sie die Arme zum Körper.

› Den linken Fuß wieder nach hinten bringen und kurz abstellen, die nächste Wiederholung schnell anschließen. Mehr Tempo als bei Level 1.

Level 3

4 › Machen Sie die Übung nun auf einer zusammengerollten Matte. Legen Sie diese unter den rechten Fuß, um die Rumpfstabilisatoren zu trainieren und den Po stärker zu fordern.

BALANCE-TRAINING

Viele der Übungen werden intensiver, wenn Sie eine zusammengerollte Gymnastikmatte oder ein Balance Pad als unstabile Unterlage verwenden. Der Körper muss nun bei jeder Bewegung die Feinkoordination neu regeln und wird bei der kleinsten Bewegung dazu veranlasst, die gesamte Körperspannung zu überprüfen und anzupassen.

Knackiger Po

1

2 15- bis 20-mal je Seite

3 15- bis 20-mal je Seite

4 15- bis 20-mal je Seite

Tiefer Squat

Formt das ganze Gesäß, trainiert Po und Oberschenkel.

 › Sie stehen aufrecht, aktivieren die Körperspannung und richten den Blick nach vorn. Die Füße stehen parallel und hüftbreit auseinander, die Knie sind leicht gebeugt. Die Schulterblätter nach hinten und unten setzen, dann flach an den Rücken pressen. Die Hände zu Fäusten ballen und die Ellbogen eng am Körper nach hinten ziehen. Die Handinnenseiten nach oben drehen.

MEHR POWER MIT WIDERSTAND

Die Intensität des Trainings können Sie mit Hanteln, Gewichtsstangen, Tubes oder Therabändern gut steigern. Sie machen das Training intensiver. Große Muskelberge brauchen Sie dabei nicht zu befürchten; dazu sind die Widerstände zu gering. Erst wenn Sie von einer Übung nur etwa vier bis sechs Wiederholungen schaffen, weil das Gewicht so hoch ist, machen Sie ein sogenanntes Maximalkrafttraining. Bei Workouts wie diesem ist die Anzahl der Wiederholungen weitaus höher, es handelt sich also um ein Kraftausdauertraining (Seite 32). Damit bauen Sie nur in geringem Umfang Muskeln auf, erziehen diese aber in Verbindung mit Stretching gleichzeitig zur richtigen Form: lang und schlank.

Knackiger Po 97

3 20- bis 25-mal je Seite

4 25- bis 30-mal

Level 1

2 › Spannen Sie Bauch und Rücken stärker an, beugen Sie die Knie, neigen Sie den Oberkörper leicht nach vorn und schieben Sie das Gesäß nach hinten; dabei den Rücken gerade halten. Das Gewicht bleibt auf den Fersen, die Knie kommen maximal so weit nach vorn, dass sie senkrecht über dem Mittelfuß stehen. Die Arme gleichzeitig nach vorn schieben.

Level 2

3 › Verlagern Sie das Gewicht nach rechts und heben Sie die linke Ferse an. Dann die Körperspannung verstärken, den Rücken gerade halten, das linke Knie beugen und den Po nach hinten schieben. Den Oberkörper dabei aus den Hüften heraus leicht nach vorn kippen. Die Arme gleichzeitig nach vorn schieben. Wieder hochdrücken.

Level 3

4 › Führen Sie zur Steigerung der Intensität die Übung mit einem Theraband oder Tube aus. Stellen Sie sich auf das Band und fassen Sie die Enden mit beiden Händen. Ziehen Sie sie nach oben und über die Schultern. Führen Sie die Übung dann wie bei Level 1 beschrieben durch. Die Hände bleiben während der gesamten Übung fest an den Schultern.

TIPP
Noch effektiver wird Ihr Workout, wenn Sie die Muskeln, die Sie trainieren möchten, vorher berühren und während der Übungen in sie hineinspüren.

Leglift

Modelliert den Po.

› Sie liegen mit lang gestreckten Beinen auf dem Bauch. Rückenmuskulatur und Po anspannen. Die Wirbelsäule strecken: Stellen Sie sich dazu vor, Kopf und Steißbein zögen in entgegengesetzte Richtungen.

Level 1

1 › Spannen Sie den Po stärker an. Das linke Bein 90 Grad anwinkeln. Die Rückenspannung verstärken. Die linke Fußsohle parallel zur Decke halten und das Knie minimal vom Boden lösen. Die Spannung im Po verstärken und die Ferse so weit wie möglich heben. Wieder senken, aber nicht mehr ablegen.

Level 2

2 › Strecken Sie das linke Bein aus, ziehen Sie die Zehenspitzen an und heben Sie das Bein leicht an. Das Gesäß stärker anspannen und das Bein so weit anheben, wie es ohne Ausweichbewegung in der Hüfte möglich ist.

Level 3

3 › Strecken Sie beide Beine aus, ziehen Sie die Zehenspitzen an und heben Sie beide Beine nach oben an. Den Po fester anspannen, den Rücken kontrollieren und die Beine heben, bis die Knie und teilweise die Oberschenkel den Boden nicht mehr berühren. Die Hüfte stabil halten und auf den Boden drücken, die Zehenspitzen zeigen während der gesamten Bewegungsausführung zum Boden.

› Achten Sie auf eine langsame, gleichmäßige Übungsausführung. Das Anheben der Beine dauert ebenso lange wie das Absenken. Zählen Sie beim Ausatmen bis zwei und heben Sie die Beine an, beim Beinesenken einatmen und ebenfalls bis zwei zählen. Die Beine nicht mehr vollständig ablegen, sondern kurz über dem Boden stoppen und die nächste Wiederholung anschließen.

WICHTIG

Falls Sie die Übung anfangs stärker im unteren Rücken als im Po spüren, können Sie sie auch auf einem Step ausführen und die Muskelkraft erst allmählich steigern. Legen Sie sich dazu mit der Hüfte auf den Step und machen Sie die Übung wie beschrieben.

Knackiger Po

1 20- bis 25-mal je Seite

2 20- bis 25-mal je Seite

3 20- bis 25-mal je Seite

Polift

Kräftigt den großen und den kleinen Gesäßmuskel.

1 › Legen Sie sich auf den Bauch und stützen Sie die Unterarme schulterbreit am Boden auf, die Fingerspitzen zeigen nach vorn. Die Schultern senkrecht über den Ellbogengelenken halten und die Schultermuskulatur aktivieren.

› Den Rücken bewusst gerade halten, der Kopf bildet die Verlängerung der Wirbelsäule. Die Zehenspitzen aufstellen, Bauch- und Rückenmuskulatur anspannen. Dann die Knie anheben.

Level 1

2 › Verlagern Sie das Gewicht aufs rechte Bein und spannen Sie das Gesäß an. Die Zehenspitzen des linken Fußes vorsichtig vom Boden lösen. Mit der linken Ferse bewusst nach hinten drücken, das Bein strecken und die Zehen anziehen.

› Dann das linke Bein weiter anheben, dabei die Zehenspitzen die ganze Zeit zum Boden zeigen lassen. Das Bein langsam wieder absenken, aber nicht mehr absetzen. Die nächste Wiederholung anschließen.

2 10- bis 15-mal je Seite

Level 2

3 › Kommen Sie in den Vierfüßlerstand. Die Handgelenke senkrecht unter den Schultergelenken platzieren, die Rumpfmuskulatur fest anspannen und die Knie anheben, bis Beine und Oberkörper eine Ebene bilden. Den Po anspannen, das Gewicht nach rechts verlagern, den linken Fuß vom Boden lösen und die Ferse nach hinten drücken.

› Das Bein gestreckt halten und anheben, so weit es die Hüfte erlaubt. Das Bein wieder absenken, aber nicht absetzen, die nächste Wiederholung anschließen.

Level 3

4 › Verwenden Sie zur Steigerung der Übung ein Tube oder Theraband. Knoten Sie das Band zusammen, sodass ein hüftbreiter Ring entsteht. Den Ring um die Fußgelenke legen und wie bei Level 2 beschrieben in die Ausgangsposition kommen.

› Den Po fest anspannen und den Fuß vom Boden lösen, das Bein strecken. Gegen den Widerstand des Bandes das Bein weiter anheben. Wieder lösen, das Bein bis knapp über dem Boden absenken, die nächste Wiederholung anschließen.

3 10- bis 15-mal je Seite

4 10- bis 15-mal je Seite

Seitenheber

Modelliert den *Glutaeus medius* und die seitlichen Bauchmuskeln.

1 › Winkeln Sie beide Beine seitlich an und stützen Sie den Oberkörper auf dem rechten Unterarm ab. Körperspannung aufbauen, die Schultermuskulatur aktivieren und den Oberkörper aus der Schulter heraus nach oben drücken. Bauch und Rücken leicht anspannen, den Kopf in Verlängerung der Wirbelsäule halten. Die linke Hand an der Hüfte abstützen.

Level 1

2 › Erhöhen Sie die Spannung in Gesäß, Oberschenkeln und Rumpf und heben Sie die Hüften an, bis Oberschenkel und Rumpf eine Linie bilden. Die Hüften absenken, aber nicht mehr ablegen. Die Schulterspannung halten und die nächste Wiederholung anschließen.

Level 2

3 › Legen Sie im Sitzen das rechte Knie etwas vor der Körperachse ab und strecken Sie das linke Bein in Verlängerung des Oberkörpers aus. Rumpf und Po anspannen und das Becken vom Boden lösen, gleichzeitig das linke Bein anheben und strecken.

› Die Hüften weiter anheben, dabei das linke Bein gestreckt halten. Das Becken langsam absenken, aber nicht ablegen.

Level 3

4 › Stützen Sie sich mit rechts ab und spannen Sie die Schultern leicht an. Die Beine so ausstrecken, dass sie die Verlängerung des Rumpfes bilden und übereinander liegen. Die Rumpfmuskulatur stärker anspannen und das linke Bein ein kleines Stück vom Boden weg anheben.

› Die Hüften vom Boden lösen und langsam anheben, das linke Bein immer im gleichen Abstand zum rechten in der Luft halten. Die Hüften wieder senken, aber nicht ablegen, das linke Bein bleibt in der Luft. Die nächste Wiederholung anschließen.

WICHTIG
Achten Sie darauf, die Schultermuskulatur anzuspannen, indem Sie mit dem Hochdrücken aus der Schulter heraus einen deutlichen Abstand zwischen Achsel und Oberarm schaffen. Dadurch schützen Sie Ihr Schultergelenk und Ihre Wirbelsäule vor Fehlbelastungen und Verletzungen.

Knackiger Po 103

2 20- bis 25-mal je Seite

3 20- bis 25-mal je Seite

4 20- bis 25-mal je Seite

ATMEN UND LÄCHELN
Vergessen Sie nicht, regelmäßig zu atmen, und halten Sie keinesfalls die Luft an. Mit einem Lächeln halten Sie noch leichter durch.

Legpush

Trainiert den mittleren Anteil der Pomuskulatur.

Level 1

1. › Verlagern Sie das Gewicht aufs rechte Bein. Bauch und Beckenboden fester anspannen und den Rücken stabilisieren. Das linke Knie seitlich ein kleines Stück anheben, bis es den Boden nicht mehr berührt.

   › Den rechten Winkel im Knie beibehalten, die Zehenspitzen anziehen und das Bein seitlich so weit anheben, wie es ohne eine Kippung der Hüften möglich ist. Dann das Bein wieder absenken, bis das Knie den Boden fast wieder berührt, und die nächste Wiederholung anschließen.

Level 2

2. › Verlagern Sie das Gewicht aus dem Unterarmstütz heraus wieder nach rechts und heben Sie das linke Knie seitlich an, bis es den Boden nicht mehr berührt. Den linken Oberschenkel fixieren und das Bein durchstrecken. Den Fuß ein kleines Stück vom Boden abheben, die Zehenspitzen anziehen.

   › Den Rücken fixieren, den Bauch stärker anspannen und das linke Bein aus der Kraft des Pos heraus so weit anheben, wie es ohne Hüftkippung möglich ist. Das Bein kontrolliert wieder absenken, kurz vor dem Boden anhalten. Nächste Wiederholung.

Level 3

3. › Verlagern Sie aus dem Unterarmstütz das Gewicht nach rechts. Das linke Knie anheben, das Bein seitlich ausstrecken. Dann den Bauch stärker anspannen, die Schultern aktivieren und das rechte Knie anheben. Jetzt das linke Bein anheben, bis der Fuß sich vom Boden löst. Die Zehenspitzen anziehen.

   › Das linke Bein noch weiter anheben, bis es die Hüfte nicht mehr höher zulässt. Dann absenken, das rechte Knie aber in der Luft lassen. Bevor der linke Fuß den Boden berührt, die nächste Wiederholung anschließen.

WICHTIG

Ausgangsposition dieser Übung ist immer der Vierfüßlerstand: Die Unterarme auf dem Boden ablegen, die Finger zeigen nach vorn. Die Ellenbogen befinden sich unterhalb der Schultern, die Knie unter den Hüftgelenken. Bauch, Beckenboden und Rücken leicht anspannen. Der Kopf bildet die Verlängerung der Wirbelsäule.

Knackiger Po 105

1 25- bis 30-mal je Seite

2 25- bis 30-mal je Seite

3 25- bis 30-mal je Seite

| 1 | 30 Sekunden je Seite | 2 | 30 Sekunden je Seite |

Stretching für den perfekten Po

Nach jedem Training sollten Sie die Dehnübungen für den Allerwertesten nicht vergessen. Sie verhindern die Verkürzung und somit auch die übermäßige Vergrößerung der Pomuskulatur.

Liegestretch

1 › Legen Sie sich auf den Rücken und stellen Sie die Füße flach auf den Boden. Das linke Fußgelenk auf dem rechten Knie ablegen und das Knie nach außen kippen lassen. Mit beiden Händen den rechten Oberschenkel fassen und das rechte Knie zum Körper heranziehen. Po und Kopf bleiben auf dem Boden.

Sitzstretch

2 › Setzen Sie sich aufrecht hin. Die Knie schulterweit öffnen, anwinkeln und dann zur rechten Seite kippen lassen. Der Winkel zwischen rechtem Ober- und Unterschenkel sollte etwa 90 Grad betragen. Den Oberkörper gestreckt auf dem rechten Unterschenkel ablegen.

Drehstretch

3 › Sitzen Sie aufrecht und strecken Sie die Beine aus. Beckenboden, Bauch und Rücken aktivieren. Den rechten Fuß außen neben das linke Knie stellen. Den linken Arm nach oben strecken, den Oberkörper nochmals aufrichten. Dann den Oberkör-

3 30 Sekunden je Seite **4** 30 Sekunden

per nach rechts drehen und den linken Arm an die Außenseite des rechten Knies legen. Die rechte Hand hinter dem Körper aufsetzen. Durch den Druck des linken Arms und den Zug der rechten Hand die Dehnung sanft verstärken.

Paketstretch

4 › Setzen Sie sich auf die Unterschenkel. Die Beine geschlossen halten und den Oberkörper sinken lassen. Die Stirn auf dem Boden ablegen und die Arme seitlich neben dem Körper ausstrecken. Machen Sie sich ganz klein und genießen Sie die Entspannung.

GU-ERFOLGSTIPP   DEHNEN MACHT SCHLANK

› Haben Sie das Gefühl, nach dem Training nicht mehr in Ihre Jeans zu passen? Keine Panik! Durch intensives Training kann es passieren, dass sich die Muskeln vorübergehend übermäßig mit Blut füllen. Nach einem ausgiebigen Stretching und einer Erholungsphase gibt sich das wieder. Dehnen hilft der Muskulatur, die übereinandergeschobenen Muskelfasern wieder zu ordnen.
› Vor allem bei Personen, die bisher nicht regelmäßig Sport getrieben haben, kann es nach einem anstrengenden Workout gelegentlich zu Wassereinlagerungen in den Beinen kommen. Nach einem halben Tag sind die Beine wieder im Normalzustand. Auch ein Saunabesuch kann Wunder wirken.

BONUSPROGRAMME

Für ausgewogene Proportionen sorgt der Powerplan für den Oberkörper. Mit dem Anti-Cellulite-Training können Sie lästigen Dellen zu Leibe rücken.

Power für den Oberkörper 110
Anti-Cellulite-Training 116

Power für den Oberkörper

Dieses Bonusprogramm für den Oberkörper sorgt für ausgewogene Proportionen. Schließlich möchten wir vermeiden, dass nur Bauch, Beine und Po straff und durchtrainiert sind, während der Oberkörper schmal und schmächtig wirkt. Mit diesem Trainingsprogramm können Sie die Proportionen Ihres Körpers ausgleichen: Spezielle Übungen kräftigen und formen Schultern, Arme, Rücken und Brust; die abschließenden Stretches verbessern zusätzlich die Haltung und strecken die Figur.

Rückenpush

Trainiert den Rücken.

1
> Stellen Sie sich aufrecht auf ein Tube oder Theraband. Die Füße hüftweit öffnen, die Knie leicht beugen. Die Enden des Bandes mit den Händen fassen und vor den Beinen kreuzen. Den Oberkörper gerade halten und aus den Hüften heraus nach vorn neigen.

> Die Arme hängen lassen, die Ellbogen leicht anwinkeln, die Handflächen zeigen zueinander. Die Arme langsam seitlich anheben und langsam wieder absenken.

Brustpower

Liftet den Busen.

2
> Stehen Sie gerade. Die Ellbogen auf Schulterhöhe seitlich anheben, Unterarme im 90-Grad-Winkel beugen und vor dem Körper zusammenführen. Die Handflächen aneinanderlegen, die Fingerspitzen zeigen nach oben, die Schultern sind tief.

> Die Ellbogen zusammenpressen, die Anspannung der Brustmuskulatur verstärken und die Arme anheben, so weit es geht. Wieder senken.

THERA-BAND
Die Farbe der Bänder weist auf ihre Stärke hin: Gelb ist sehr leicht, Rot ist leicht, Grün ist mittel, Blau ist schwer.

1 20- bis 25-mal

2 20- bis 25-mal

Schulterkick

Modelliert die Schultern.

3 › Stehen Sie aufrecht, mit zwei Hanteln in den Händen. Die Beine leicht beugen. Die Arme vor dem Körper leicht anspannen. Die Handrücken zeigen nach vorn, die Ellbogen sind minimal gebeugt. Dann die Arme nach vorn bis auf Schulterhöhe anheben, der Oberkörper bleibt stabil. Wieder senken.

WICHTIG
Die Schultern bleiben locker. Ziehen Sie die Schultern nicht nach oben, sondern nach hinten unten.

3 | 25- bis 30-mal

4 20- bis 25-mal je Seite

5 30 Sekunden je Seite

Trizepscurl

Strafft den Trizeps.

4 › Stellen Sie sich aufrecht hin und nehmen Sie eines oder beide Gewichte in die rechte Hand. Den rechten Arm nach oben ausstrecken und den Ellbogen mit der linken Hand fixieren. Dann die rechte Hand nach hinten zwischen die Schulterblätter sinken lassen. Wieder anheben.

Nackenrelax

Dehnt den Nacken.

5 › Stellen Sie sich aufrecht hin und lassen Sie die Arme neben dem Körper hängen. Den Kopf zart nach rechts kippen lassen, die rechte Hand als Gewicht auf den Kopf legen, aber nicht daran ziehen. Mit dem linken Arm können Sie die Dehnung verstärken, indem Sie gegen die Bewegungsrichtung ziehen. Die Seite wechseln.

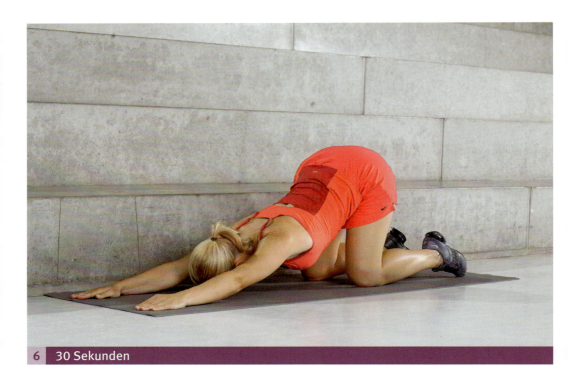

6 | 30 Sekunden

Oberkörperstretch

Dehnt Brustmuskulatur und Schultern, formt den Oberkörper.

6 › Kommen Sie in den Vierfüßlerstand. Die Hände weit nach vorn stellen und das Gesäß nach hinten schieben. Den Blick zum Boden richten und die Schultern nach unten drücken, bis es im Brust-Schulter-Bereich angenehm zieht.

GU-ERFOLGSTIPP   CARDIOTRAINING MIT ARMEINSATZ

Um ein harmonisches Gesamtbild der Figur zu schaffen, sollte auch der Oberkörper trainiert werden. Verbinden Sie das doch gleich mit einem Cardiotraining! Besonders geeignet sind Rudern, Crosstraining, Boxen oder Tae Bo.

Workout für harmonische Proportionen

Neigen Sie zu einer stärkeren Ausprägung von Gesäß und Hüften, der Oberkörper wirkt dagegen eher schmal? Um die Proportionen auszugleichen, absolvieren Sie den folgenden Trainingsplan. Wenn Sie sich in dieser Zeit außerdem gesund ernähren, können Sie schon nach rund vier Wochen mit ersten Erfolgen rechnen.

Tag 1
Ausdauertraining (Seite 22–31) je nach Ihrem individuellen Leistungsniveau plus drei beliebige **Stretches** aus dem Beinprogramm (Seite 88–89).

Tag 2
Oberkörpertraining, bestehend aus einem **Warm-up** (ab Seite 46) und den Übungen

1. Rückenpush (Seite 111),
2. Brustpower (Seite 111),
3. Schulterkick (Seite 112),
4. Trizepscurl (Seite 113),
5. Oberkörperstretch (Seite 114) und
6. Nackenrelax (Seite 113).

Tag 3
Ausdauertraining plus drei beliebige **Stretches** aus dem Poprogramm (Seite 106–107).

Tag 4
Bauchtraining, bestehend aus vier beliebigen Übungen des Bauchprogramms (ab Seite 52) plus **Stretches** (Seite 68–69).

Tag 5
Ausdauertraining: Das Ausdauertraining können Sie nach Lust und Laune variieren. Schauen Sie dazu noch einmal auf die Tabelle auf Seite 29 und suchen Sie sich Ihre Lieblingssportarten aus. So könnten Sie an Tag 1 skaten, an Tag 3 in die Aerobic-Stunde gehen und an Tag 5 joggen. Nach dem Ausdauertraining die **Stretches** aus dem Beinprogramm (Seite 88–89) nicht vergessen.

Tag 6
Oberkörpertraining, bestehend aus einem **Warm-up** (ab Seite 46) und den Übungen 1, 2, 3, 4, 5 und 6 von Tag 2.

Tag 7
Pause

Wiederholen Sie das Workout für harmonische Proportionen in den kommenden drei Wochen und versuchen Sie, den Übungslevel so zu steigern, dass Sie in der vierten Woche die Übungen für Beine und Po problemlos auf Level 3 durchführen können.

Anti-Cellulite-Training

Viele Frauen haben ein Problem – und das heißt Cellulite! Cremes helfen da meist wenig. Mit dem folgenden Vier-Wochen-Programm aber sind Sie auf der Gewinnerseite. Schritt für Schritt begleitet Sie das Programm durch die Woche. Wiederholen Sie das Trainingsprogramm in den folgenden drei Wochen und versuchen Sie, den Übungslevel so zu steigern, dass Sie in der vierten Woche alle Übungen auf Level 3 durchführen. Lesen Sie auch, was Sie zusätzlich gegen die lästigen Dellen tun können.

Anti-Cellulite-Training

1 Je 20-mal

2 Je 20- bis 25-mal

3 Je 15- bis 20-mal

Tag 1

Warm-up (ab Seite 46) dann folgen die Übungen aus dem **Bein-Workout:**

1. Powerschritt (Seite 72)
2. Seitenlift (Seite 80)
3. Beinpower (Seite 86)
4. Schenkelcrunch (Seite 78)

Stretching nicht vergessen (Seite 88–89).

Tag 2

Ausdauertraining (Seite 22–31) je nach Leistungsniveau.

4 Je 25-mal

Tag 3

Warm-up (ab Seite 46), dann folgende Übungen aus dem **Po-Workout:**

1. Hiplift (Seite 92)
2. Leglift (Seite 98)
3. Legpush (Seite 104)
4. Tiefer Squat (Seite 96)

STUFE FÜR STUFE

Gestalten Sie Ihren Alltag cellulitefeindlich – und lassen Sie Aufzug und Rolltreppen links liegen. Stufen nehmen strafft die Beine intensiv – ganz besonders, wenn es mehr als 100 am Stück sind. Sammeln Sie täglich 200 bis 300 Stufen, erzielen Sie ähnliche Ergebnisse wie mit 30 Minuten Step-Aerobic.

1 25- bis 30-mal

2 20- bis 25-mal je Seite

3 20- bis 25-mal je Seite

| 4 | 25- bis 30-mal je Seite | 5 | 15- bis 20-mal je Seite |

Tag 4

Ausdauertraining (Seite 22–31) je nach Leistungsniveau, anschließend aus dem **Po-Workout** die Übung **5** Kneelift (Seite 94) und zum Schluss das **Stretching** von Seite 106–107.

GU-ERFOLGSTIPP   AQUAPOWER

Verlegen Sie Ihr Training einfach ins Wasser! Der Kalorienverbrauch bei Power-Moves ist fast doppelt so hoch wie an Land. Beispielsweise die Übungen Powerschritt (Seite 72), Schenkelcrunch (Seite 78), Backkick (Seite 84), Beinpower (Seite 86), Seitenlift (Seite 80), Kneelift (Seite 94) und Tiefer Squat (Seite 96) sind bestens für das Training im Wasser geeignet.

| 1 | Je 20-mal | 2 | Je 15- bis 20-mal |

Tag 5

Warm-up (ab Seite 46) dann folgen die Übungen aus dem **Bein-Workout**:

1. Powerschritt (Seite 72)
2. Beinpower (Seite 86)

Fügen Sie aus dem **Bauch-Workout** hinzu:

3. Taillencrunch (Seite 52)
4. Legcrunch (Seite 54)

Anschließend folgt das Stretching von Seite 68–69.

TIPP
Trinken Sie drei, besser noch vier Liter Wasser täglich. Das fördert die Entschlackung des Gewebes und unterstützt Ihr Anti-Cellulite-Training.

Tag 6

Heute haben Sie **Trainingspause**: Pflegen und verwöhnen Sie sich! Wie wäre es zum Beispiel mit einem Bauchwickel (Seite 122) oder einem Basenbad (Seite 122)? Treffen Sie sich mit Freunden oder gehen Sie raus in die Natur. Vielleicht können Sie ja eine schöne Wanderung machen.

Tag 7

Ausdauertraining (Seite 22–31) je nach Leistungsniveau anschließend aus dem **Po-Workout** die Übung 1 Legpush (Seite 104) 5 und zum Schluss das **Stretching** von Seite 106–107.

Anti-Cellulite-Training 121

3 Je 12- bis 15-mal

4 15- bis 20-mal

WAS WASSER KANN
Nutzen Sie den Wasserdruck im Kampf gegen die Dellen und machen Sie Aqua-Jogging. Der Wasserdruck wirkt wie eine Gewebemassage gegen Cellulite.

5 je 25- bis 30-mal

Erste Hilfe bei Cellulite

Bewährte Anti-Cellulite-Anwendungen für zu Hause.

Basenbäder

Säuren aus der Nahrung lassen nach Meinung einiger Experten Schlacken entstehen, die sich im Körper ablagern. Von außen zugeführte Mineralstoffe und basische Bäder mit einem pH-Wert von 8,5 neutralisieren die Säuren und sollen so Cellulite lindern.

Body-SOS: Wrapping mit Sofortwirkung

Folienwickel können kurzfristig ein bis zwei Hosengrößen wegzaubern. Nehmen Sie dazu gewöhnliche Frischhaltefolie und wickeln Sie diese mehrfach eng um Oberschenkel, Po und Hüften. Wenn Sie die Folie nach zwei Stunden wieder entfernen, hat sich ihr Umfang deutlich reduziert. Da Sie so nur Wasser verlieren, mogelt diese Methode lediglich für einen Abend ein paar Pfunde weg.

Do-it-yourself-Bauchwickel

Relaxen Sie zunächst 15 Minuten in der Badewanne. Beginnen Sie bei 36 °C und erhöhen Sie die Temperatur langsam auf 39 °C. Anschließend abtrocknen und eine Öltinktur vorbereiten: Mischen Sie 10 Tropfen Lavendel-, Rosmarin- und Zitronenöl und geben Sie einen Schuss Ölbadezusatz hinzu. Tränken Sie ein Handtuch darin und wickeln Sie es eng um den Bauch. Hüllen Sie sich in eine warme Decke und ruhen Sie etwa 40 Minuten lang. Nach dem Auswickeln erst lauwarm, dann kalt duschen. Diese Prozedur strafft und verringert den Bauchumfang kurzfristig.

Mentale Power wecken

Meditieren Sie zehn Minuten täglich, um die Lebensenergie fließen zu lassen und den Stoffwechsel anzukurbeln. Formen Sie im Schneidersitz mit den Händen ein Entgiftungs-Mudra: Die Arme ausstrecken, Handrücken auf die Knie legen, Daumenkuppen an die Kuppen der Ringfinger legen und einen Kreis formen, die übrigen Finger ausstrecken. Konzentrieren Sie sich nun mit geschlossenen Augen zehn Minuten auf eine gleichmäßige Atmung.

EISKALT GEGLÄTTET

Kaltes Wasser strafft das Gewebe. Behandeln Sie Beine und Po mit einem kalten Brausestrahl (10–14 °C) kreisförmig von oben nach unten. Auch Wechselduschen sind ideal: Beginnen Sie mit einem warmen und enden Sie mit einem kalten Guss. Bei jedem kalten Guss die Temperatur weiter herunterregeln.

Bücher, die weiterhelfen

BÜCHER AUS DEM GRÄFE UND UNZER VERLAG

Buchhorn, Dr. Tomas; Winkler, Nina: **300 Fragen zum Laufen**

Conell, Uwe: **1 Übung – 4 Muskelgruppen**

Despeghel-Schöne, Dr. Michael; Heufelder, Prof. Dr. Armin: **Ran an den Bauch!**

Despeghel-Schöne, Dr. Michael: **Ran an den Bauch! Das Ernährungsprogramm**

Grillparzer, Marion: **Fatburner. So einfach schmilzt das Fett weg**

Hederer, Markus: **Laufen statt Diät**

Hofmann, Inge: **Schlank ab 40**

Kayadelen, Silke: **Ich coach dich schlank**

Lang-Reeves, Irene; Villinger, Thomas: **Beckenboden. Das Training für mehr Energie**

Lange, Elisabeth; Trunz-Carlisi, Elmar: **Die 50 besten GU Tipps: Straffe Formen**

Münchhausen, Marco v.; Spitzbart, Dr. Michael: **Fit mit dem inneren Schweinehund**

Trunz-Carlisi, Elmar: **Personal Trainer. Tests und Workouts nach Maß**

Tschirner, Thorsten: **Bauch, Arme, Brust, Bodystyling für den Oberkörper**

Tschirner, Thorsten: **Fit mit dem Thera-Band**

WeightWatchers: **Das WeightWatchers Fitness-Training für den ganzen Körper**

Winkler, Nina: **Core-Training für Bauch, Beine und Po. Buch mit DVD**

FITNESS & FIGUR

Boeckh-Behrens, Wend-Uwe; Buskies, Wolfgang: **Fitness-Krafttraining: Die besten Übungen und Methoden für Sport und Gesundheit,** Rowohlt Tb

Boeckh-Behrens, Wend-Uwe: **MaxxF: Das Super-Krafttraining: Hocheffektiver Muskelaufbau. Intensiver Fettabbau. Basic- und Komplexprogramme,** Rowohlt Tb

Butz, Andreas: **Das kommt vom Laufen: Schritt für Schritt zum Wunschgewicht,** blv

Delp, Christoph: **Das große Fitness-Buch: Beweglichkeit – Kraft – Ausdauer,** Pietsch Verlag

Fellner, Johanna: **Der Bauch muss weg!, Buch mit DVD,** Südwest-Verlag

Gießing, Jürgen: **HIT-Fitness,** riva Verlag

Janssen, Peter G.J.M.: **Ausdauertraining,** Perimed-Spitta Verlagsgesellschaft

Markworth, Peter: **Sportmedizin,** Rowohlt Verlag

Neumann, Georg; Pfützner, Arndt; Berbalk, Anneliese: **Optimiertes Ausdauertraining,** Meyer & Meyer Sport

Roberts, Matt: **Fitness for Life,** Dorling Kindersley Verlag

Schwalenberg, Anja: **Laufen – Power Schritt für Schritt,** Compact Verlag

Tschirner, Thorsten: **Fitness to go: Bauch, Beine, Po,** Südwest-Verlag

Weinick, Dr. Jürgen: **Sportbiologie,** Spitta-Verlag

Adressen, die weiterhelfen

DEUTSCHLAND

Deutsche Gesellschaft für Ernährung e. V.

Godesberger Allee
53175 Bonn
www.dge.de

Deutscher Sportbund

Otto-Fleck-Schneise 12
60528 Frankfurt am Main
www.dsb.de

Deutscher Verband für Gesundheitssport und Sporttherapie e. V.

Vogelsanger Weg 48
50354 Hürth-Efferen
www.dvgs.de

Institut für Sporternährung e. V.

In der Aue
61231 Bad Nauheim
www.isonline.de

ÖSTERREICH

Österreichischer Fachverband für Turnen

Schwarzenbergplatz 10
1040 Wien
www.austriangymfed.at

Österreichische Gesellschaft für Ernährung

Zaunergasse 1–3
1030 Wien
www.oege.at

SCHWEIZ

Schweizerischer Turnverband

Bahnhofstrasse 38
5000 Aarau
www.stv-fsg.ch

Schweizerische Vereinigung für Ernährung

Effingerstrasse 2
3001 Bern
www.ernaehrung.org

INTERNET-LINKS, DIE WEITERHELFEN

www.beckenboden.com
Infoseite mit Hinweisen zu Trainingsseminaren in Deutschland und der Schweiz.

www.beckenboden-forum.org
Infos und Tipps zum Thema Beckenboden und Schwangerschaft.

www.bodyartschool.com
Bewegungs- und Ausbildungskonzept, das sehr zu empfehlen ist.

www.ninawinkler.de
Homepage der Autorin. Hier können Sie Kontakt aufnehmen, Lob oder Kritik loswerden und auch Fragen stellen.

www.personal-trainer-network.de
Hier finden Sie bundesweit Trainer, die Ihr Training mit geschultem Blick noch effektiver machen können.

www.shape.de
Die neuesten Fitness-Trends und interessante News rund um das Thema Problemzonen.

www.thera-band.de
Homepage des Gymnastikband-Herstellers.

Sachregister

A
Aerobe Energiegewinnung 31
Anaerobe Energiegewinnung 30, 31
Anti-Cellulite-Anwendungen 122
Aquapower 119
Atemtechnik 43
Atmung 38, 40–43
Aufwärmen (Warm-up) 23–24, 41, 46–49
Ausdauertraining 14, 22–31

B
Balance Pad 33
Bänder 24
Bandscheiben 66
Basenbäder 122
Bauchmuskulatur 38, 50–69
Bauchspeck 52
Beckenboden 42, 51, 61, 92
Belastungsgrenzen 21, 26
Belastungsphase 40
Bewegungsfluss 43
Bewegungsumfang 42
Blutzuckerspiegel 21
Body-Mass-Index (BMI) 16–17, 23, 27

C
Cardiotraining 25–31, 34, 35, 114
Cellulite 12, 116–122

D
Dehnen (Stretching) 23, 38, 39, 41, 49, 68–69, 88–89, 96, 106–107
Diät 9, 10, 12, 79
Do-it-yourself Bauchwickel 122

E
Ektomorpher Typ 18, 37
Endomorpher Typ 19, 37
Energie 24, 25, 28, 79
Energiegewinnung 24–25
Entgiftungs-Mudra 122
Erholungsphase 34–35
Ernährung 11, 13, 15, 19, 21, 27

F
Fast-twitch-Fasern 36
Fehlhaltung 18, 39
Fett 24, 25, 37, 79
Fettstoffwechsel 15, 24–25, 27, 79
Fettverbrennung 25, 31, 74
Folienwickel 122

G
Gelenke 20, 23, 43
Gewichtsverlust 9, 10, 27
Grundspannung 42–43
Grundumsatz 31
Gymnastikmatte 33

H
Hanteln 33, 96
Herz 25–26
Hohlkreuz 12
Hometrainer 46

I
Intensität 30
Intervalle 27–28, 30

K
Kalorienverbrauch 20, 25, 27–28
Kleidergröße 10
Kohlenhydrate 24, 27, 37
Körperfettanalyse 17
Körperfettanteil 10, 17, 18
Körpergewicht 16–17, 35–36
Körperhaltung 12, 41–42
Körperspannung 41–42
Körpertyp 18–19, 36–37
Kortisol 35
Kraftausdauertraining 39, 96
Krankheit 34

L
Laktat 30, 31
Laufband 46

M
Mesomorpher Typ 18, 37
Motivation 11, 20
Muskelabbau 40
Muskelaufbau 40
Muskelfasern 24, 35–38, 107
Muskelgewebe 17
Muskelgruppe 41–42
Muskelschichten 37 f., 42, 49
Muskelspannung 39, 68
Muskeltraining 32, 33, 41

N
Nachbrenneffekt 31
Normalgewicht 17

O
Oberkörper 10, 110–115
Oberschenkelmuskulatur 72–87

P
Pomuskulatur 90–105
Prestretching 49
Problemzonen 11, 12, 16, 79
Proportionen 18–19, 79, 115
Proteine 24
Puls (Herzfrequenz) 20–21, 26
Pulsuhr 20–21, 26

R
Rücken 64–67
Rückenbeschwerden 38, 39
Rückenmuskulatur 39, 51
Rückentraining 51
Rumpfmuskulatur 18

S
Sauna 107
Schwitzen 21, 46
Sehnen 24
Slow-twitch-Fasern 36, 37
Sportart 19, 29
Sport-BH 20
Sportpause 34
Sportschuhe 20
Sprungtraining 48, 52
Stepper 46
Superslow-Training 38

T
Tempo 38, 43
Theraband 33, 78–79, 80–81, 85, 97, 101, 111
Tiefenmuskulatur 37–38
Trainingseinheit 34–35
Trainingskleidung 20
Trainingslevel 9, 12–15, 72
Trainingsplanung 9
Trainingsplateau 15
Trainingsreiz 54

Trainingstyp 12–15
Trainingsziel 11
Tube 33, 97

U/V
Übergewicht 16–19
Untergewicht 16
Verletzungsrisiko 39, 49

W
Wadenmuskulatur 71
Wasser 13, 21, 32, 119
Wassereinlagerungen 28, 107
Wirbelsäule 20, 42, 44, 94

ÜBUNGSREGISTER

B
Backkick 84
Backstretch 69
Balance-Wippe 56
Basic Crunch 58
Beinpower 86
Beinpush 74
Brustpower 111

D
Diagonal Crunch 62
Drehstretch 106

G
Gerader Bauchpush 64
Geschmeidige Hüften 88

H/K
Heel Touch 49
Hiplift 92
Kneelift 94

L
Lange Beine 88
Legcrunch 54

Leglift 98
Legpush 104
Liegestretch 106
Liftstretch 69

M/N/O
Marching 47
Nackenrelax 113
Oberkörperstretch 114

P
Paketstretch 106
Polift 100
Powerschritt 72
Punch 47

R
Reverse Crunch 60
Rope Skipping 48
Rückenpush 111

S
Schenkelcrunch 78
Schenkelheber 82
Schöne Schenkel 88
Schulterkick 112
Seitenheber 102
Seitenlift 80
Seitlicher Bauchpush 66
Seitstretch 69
Side to side 49
Sitzstretch 106
Softstretch 68
Straffe Innenschenkel 88

T
Taillencrunch 52
Tiefer Squad 96
Trizepscurl 113
Twiststretch 68

W
Wadenlift 76

Impressum

© 2009 GRÄFE UND UNZER VERLAG GmbH, München. Erweiterte und aktualisierte Neuausgabe von Bauch, Beine, Po intensiv, GRÄFE UND UNZER VERLAG 2005, ISBN 978-3-7742-6841-8 Alle Rechte vorbehalten. Nachdruck, auch auszugsweise, sowie Verbreitung durch Bild, Funk, Fernsehen und Internet, durch fotomechanische Wiedergabe, Tonträger und Datenverarbeitungssysteme jeder Art nur mit schriftlicher Genehmigung des Verlages.

Projektleitung: Sarah Schocke

Bildredaktion: Henrike Schechter

Lektorat: Janette Schroeder

Layout: independent Medien-Design, Horst Moser, München

Herstellung: Christine Mahnecke

Satz: Christopher Hammond

Reproduktion: Repro Ludwig, Zell am See

Druck: Firmengruppe APPL, aprinta druck, Wemding

Bindung: Firmengruppe APPL, sellier druck, Freising

ISBN 978-3-8338-1399-3

3. Auflage 2010

Bildnachweis

Fotoproduktion: Kay Blaschke

Syndication: www.jalag-syndication.de

Illustrationen: GU-Archiv: Isabelle Fischer, München: S. 51, 71, 91; Detlef Seidensticker, München: S. 18, 19, 26

Syndication: www.jalag-syndication.de

Dank

Für die freundliche Unterstützung der Fotoproduktion ein Dankeschön an: Sport Scheck, München

Umwelthinweis

Dieses Buch wurde auf chlorfrei gebleichtem Papier gedruckt. Um Rohstoffe zu sparen, haben wir auf Folienverpackung verzichtet.

Wichtiger Hinweis

Die Gedanken, Methoden und Anregungen in diesem Buch stellen die Meinung bzw. Erfahrung des Verfassers dar. Sie wurden vom Autor nach bestem Wissen erstellt und mit größtmöglicher Sorgfalt geprüft. Sie bieten jedoch keinen Ersatz für persönlichen kompetenten medizinischen Rat. Jede Leserin, jeder Leser ist für das eigene Tun und Lassen auch weiterhin selbst verantwortlich. Weder Autor noch Verlag können für eventuelle Nachteile oder Schäden, die aus den im Buch gegebenen praktischen Hinweisen resultieren, eine Haftung übernehmen.

Die GU-Homepage finden Sie im Internet unter www.gu.de

Unsere Garantie

Mit dem Kauf dieses Buches haben Sie sich für ein Qualitätsprodukt entschieden. Wir haben alle Informationen in diesem Ratgeber sorgfältig und gewissenhaft geprüft. Sollte Ihnen dennoch ein Fehler auffallen, bitten wir Sie, uns das Buch mit dem entsprechenden Hinweis zurückzusenden. Gerne tauschen wir Ihnen den GU-Ratgeber gegen einen anderen zum gleichen oder zu einem ähnlichen Thema um.

Liebe Leserin und lieber Leser,

wir freuen uns, dass Sie sich für ein GU-Buch entschieden haben. Mit Ihrem Kauf setzen Sie auf die Qualität, Kompetenz und Aktualität unserer Ratgeber. Dafür sagen wir Danke! Wir wollen als führender Ratgeberverlag noch besser werden. Daher ist uns Ihre Meinung wichtig. Bitte senden Sie uns Ihre Anregungen, Ihre Kritik oder Ihr Lob zu unseren Büchern. Haben Sie Fragen oder benötigen Sie weiteren Rat zum Thema? Wir freuen uns auf Ihre Nachricht!

GRÄFE UND UNZER VERLAG
Leserservice
Postfach 86 03 13
81630 München

Wir sind für Sie da!
Montag–Donnerstag: 8.00–18.00 Uhr
Freitag: 8.00–16.00 Uhr
Tel.: 0180 - 500 50 54*
Fax: 0180 - 501 20 54*
E-Mail: leserservice@graefe-und-unzer.de

*(0,14 €/Min. aus dem dt. Festnetz, Mobilfunkpreise maximal 0,42 €/Min.)

Neugierig auf GU?
Jetzt das GU Kundenmagazin und die GU Newsletter abonnieren.

Wollen Sie noch mehr Aktuelles von GU erfahren, dann abonnieren Sie unser kostenloses GU Magazin und/oder unseren kostenlosen GU-Online-Newsletter. Hier ganz einfach anmelden:
www.gu.de/anmeldung

Ein Unternehmen der
GANSKE VERLAGSGRUPPE